Einfach nachhaltig

Susann Kreihe

One Pot Zero Waste

Fotografie: Nemanja Ralić
Foodstyling: Marijana Mančev

60 einfache Gerichte ohne Reste

CHRISTIAN

Vorwort

Essen hält Leib und Seele zusammen. Ein gutes Essen ist einfach eine Wohltat, macht im besten Fall satt und zufrieden. In unserer heutigen Zeit kommen beim Kochen und dem ganzen Drumherum aber noch ein paar wichtige Dinge dazu: Nachhaltigkeit, Preisbewusstsein, Vermeidung von Resten, Energiesparen und vieles mehr. Wie das in der Küche gelingen kann und welche Routinen dabei helfen, dafür steht »One Pot – Zero Waste«.

Eine Frage sei gestattet: Was brauchen wir in der heutigen Zeit? Oft sind das vor allem ein paar freie Minuten. Und die muss man sich zwischen Alltagspflichten, Familienleben und Beruf oft mühsam zusammensparen. Bei der Essenszubereitung zumindest lässt sich mit One-Pot-Gerichten ganz leicht Zeit gewinnen: Also alles rein in den Topf, die Pfanne, die Auflaufform oder auf das Backblech, und dann übernimmt der Herd oder Backofen. Nicht, dass man den traditionellen Eintopf neu erfinden müsste …

Und damit es nicht langweilig wird (o nein, bitte nicht noch ein One-Pot-Buch), verbinden wir das Ganze mit einer guten Portion Nachhaltigkeit. Mein Augenmerk liegt darauf, weniger Lebensmittel wegzuwerfen bzw. Lebensmittelabfall gar nicht erst entstehen zu lassen. Gemeint ist der angefangene Sauerrahmbecher, der letzte Rest Frischkäse in der Packung oder die drei einsamen Champignons aus der Schale. Alle Rezepte sind so konzipiert, dass diese Reste möglichst gar nicht erst entstehen, da Frisches in den Rezepten komplett Verwendung findet.

Das ist schnelle Küche nachhaltig gedacht, alltagstauglich gemacht. So kochen wir unkompliziert, lecker und nachhaltig. Und natürlich ist die Produktauswahl regional geprägt. Dieses Zero-Waste-Kochbuch beweist: Einfach und nachhaltig, das geht!

Selberkochen macht glücklich und zufrieden. Mir bereitet es ein gutes Gewissen zu wissen, was auf dem Teller liegt und wie es entstanden ist. An unseren Kindern kann ich auch immer wieder entdecken: Wenn sie etwas selbst zubereitet haben, sind sie den Speisen gegenüber viel aufgeschlossener und probieren auch Dinge, die sie sonst eher meiden. Ein Plädoyer fürs Selberkochen, aber wenn Sie dieses Buch in den Händen halten, sind Sie diesem Thema gegenüber wahrscheinlich sehr aufgeschlossen. Das finde ich toll.

Viel Spaß beim zeitsparenden und bewussten Kochen!

Inhalt

Intro

Zum Einstieg alles Wichtige zu diesem Buch und einem nachhaltigen Einkauf.

Zu diesem Buch

Um die Auswahl der Gerichte für den täglichen Speiseplan einfach zu gestalten, finden Sie bei jedem Rezept die Angaben zu verschiedenen Kategorien.

NACH ZUTATEN/ERNÄHRUNGSWEISE

- vegetarisch
- vegan
- mit Fisch
- mit Fleisch
- süßes Hauptgericht

NACH KOCHGERÄT/KOCHGESCHIRR

- aus dem Topf
- aus dem Backofen
- aus der Pfanne

Die meisten Rezepte sind für 2 oder 2–3 Personen ausgelegt, einige auch für 4 Personen. Das ermöglicht es, die handelsüblichen Verpackungsgrößen sinnvoll zu verbrauchen. Bei jeder Verpackung ist auch eine g-Angabe beigefügt. Diese ist als »Etwa«-Größe anzusehen, denn bei vielen Rezepten kann man problemlos die Mengenangaben in der Zutatenliste leicht nach oben oder unten variieren. 400 g oder 500 g Gemüse in der Verpackung, das ändert am fertigen Eintopf nicht viel. Ebenso machen 50 g Frischkäse oder Crème fraîche mehr oder weniger bei den in diesem Buch enthaltenen Rezepten keinen großen Unterschied.
Die Rezepte sind allesamt so gewählt und zusammengestellt, dass Sie hierbei flexibel sein können.

Wird im Rezept etwa ein Becher Schmand angegeben, kann auch ein angebrochener Becher eines anderen Milchproduktes aufgebraucht werden. Ebenso halten Sie es mit Gemüseresten und offenen Packungen Käse, Pesto, Tomatenmark u. Ä.

Bei den 2-Personen- und 2–3-Personen-Rezepturen haben Sie, wenn Sie für sich alleinekochen, gleichzeitig eine Portion als Meal Prep vorgekocht. Sind Sie zu zweit, passen die Rezepte genau. Bei größeren Haushalten lassen sich die Rezepte verdoppeln. Die meisten One-Pot-Gerichte sind sehr gut zum Vorkochen geeignet. Ausnahmen bilden hier Pasta-Gerichte, da die Nudeln je nach Sorte und Hersteller weich werden können. Hier lohnt es sich, verschiedene Sorten durchzuprobieren.

»NO WASTE« GEHT WEITER ALS NUR KOCHEN OHNE RESTE

In diesem Buch habe ich mich zum Großteil für vegetarische Rezepte entschieden, gespickt mit einigen ausgewählten Zubereitungen, die Fisch oder Fleisch enthalten. Sofern Sie sich nicht rein vegan oder vegetarisch ernähren, greifen Sie sicher ab und an auf Fleisch, Geflügel, Fisch oder Meeresfrüchte zurück. Ich versuche bewusst beim Einkauf mit diesen Produkten umzugehen, kaufe vorrangig vegetarisch ein, gelegentlich Fleisch und Fisch. So sind auch die stark gestiegenen Preise für hochwertiges Fleisch und Fisch in das Budget gut einzuplanen.

One Pot?
Eintopf hat doch die Oma schon gekocht ...

Richtig, One Pot ist keine Neuerfindung, aber es lohnt sich, dieses Thema zu vertiefen. Denn es spart neben Zeit bei der Zubereitung vor allem auch Energie. Kocht alles in nur einem Topf mit Deckel oder backt im Backofen, ohne noch eine zusätzliche Pfanne oder einen weiteren Topf auf dem Herd stehen zu haben, ist das natürlich effizienter. Eine gute Vorbereitung vorausgesetzt, steht so ein Gericht schnell auf dem Tisch. Die Garzeit kann man nutzen, um die Küche aufzuräumen, Geschirr in den Geschirrspüler zu räumen und den Tisch zu decken – oder um Zeit für sich zu nehmen.

Neben dem klassischen Eintopf oder einer Suppe sind auch Gerichte vom Backblech, aus der Pfanne und aus der Auflaufform ideale Zubereitungen. Das ist alltagstaugliches Kochen, denn es muss im Anschluss nur ein Behälter gereinigt werden. Herdplatte oder Backofen übernehmen den Großteil der Arbeit, wenn man mit den Vorbereitungen fertig ist. Auch die Menge an Arbeitsgeräten, Schüsseln, Schalen o. Ä. hält sich bei meinen Rezepten im Rahmen. Spart man schon Zeit beim Kochen, will man ja nicht noch ewig beim Abwasch und Aufräumen stehen.

One Pot steht nicht nur für eine schnelle Küche, die Zubereitungsweise kommt auch mit einer überschaubaren Anzahl an Zutaten aus. Viele Lebensmittel, die gut gelagert werden können und in den meisten Küchen immer im Vorratsschrank vorhanden sind, werden Sie häufig im Buch antreffen. Und wenn einmal nicht das nötige Produkt vorrätig ist: Ähnliche Produkte können problemlos ersetzt werden: Couscous statt Bulgur, Linsen statt Kichererbsen, Walnüsse statt Haselnüssen.

Obwohl trockene Zutaten aus dem Vorrat auch geöffnet lange haltbar sind, gebe ich zu den Rezepten Ideen, wie man kleine Restmengen vermeiden kann oder bei welchen Zubereitungen diese »Schrankleichen« verbraucht werden können. Gerade bei Nüssen, Samen und Kernen, die durch ihre hochwertigen Fette schnell ranzig werden, ist es wichtig zu wissen, wie man sie richtig lagert.

Abläufe in der Küche strukturieren

In meiner Kochausbildung habe ich Arbeitsabläufe und Routinen beigebracht bekommen und verinnerlicht. Wenn das Restaurant erst mal voll besetzt ist, muss es schnell gehen. Diese Routinen sind es, die beim Kochen Zeit sparen, auch zu Hause. Dazu zählt:

- Alle Utensilien bereitstellen.
- Rezept vorher genau durchlesen.
- Vorräte checken und benötigte Lebensmittel einkaufen.
- Nicht vergessen: Die Reste im Vorrat abgleichen, die auch zu dem gewählten Gericht passen und gleich verbraucht werden können.

Gleiche Arbeitsschritte werden immer am Stück ausgeführt, dann kommt der nächste. Einfaches Beispiel: Zunächst alle Möhren waschen, anschließend schälen und zuletzt die Wurzeln schneiden.

Bei der Vorbereitung der Lebensmittel trennen Sie saubere von unsauberen Lebensmitteln. Unter unsauberen Lebensmitteln werden all jene zusammengefasst, die mit Erde in Kontakt gekommen sind. Beispielsweise Wurzelgemüse, Zwiebeln, Salatköpfe. Diese zunächst waschen, dann putzen und schneiden. Zwischen verschiedenen Sorten immer Bretter und Messer reinigen. Fisch und Fleisch getrennt voneinander vor- und zubereiten, auch hier die Kochutensilien zwischendurch reinigen und wechseln.

Für die Lebensmittelhygiene ist es wichtig, die entsprechenden Kühlketten einzuhalten. Daher Kühl- und Tiefkühlware so rasch wie möglich nach dem Einkauf nach Hause transportieren und wieder kühlen. Am besten Kühltaschen zum Einkauf mitnehmen, das schützt vor Erwärmen.

Planung des Einkaufs

Jeder Mensch ist anders, jede Familie und jeder Haushalt ebenso, auch unsere Gewohnheiten. Das betrifft ebenfalls unsere Einkaufsroutinen. Daher sind alle meine Tipps und Ideen als Vorschläge zu sehen, wie ein nachhaltiges Einkaufen gelingen kann. Der Gedanke dahinter ist, dass Sie sich die passenden Möglichkeiten herauspicken können, die für Sie persönlich am passendsten erscheinen. Beginnen wir bei der Planung des Einkaufs.

Einen Einkaufszettel am Sonntag für die gesamte Woche zusammenstellen, der dann am Montag abgearbeitet wird, ist eine Variante. Dieser Großeinkauf kann für eine oder auch zwei Wochen erfolgen, darin enthalten sind alle Trockenprodukte und solche mit einem Mindesthaltbarkeitsdatum bis mindestens zum nächsten Wocheneinkauf. Viele Trockenprodukte sind natürlich viel länger haltbar.

In jedem Haushalt gibt es Basisprodukte, die immer wieder auf den Tisch kommen. Diese sollten möglichst in größerer Anzahl vorrätig sein. Die Vorteile liegen auf der Hand: Man kann bei Angebotspreisen zugreifen und gleich eine ganze Palette kaufen. Außerdem kann ein Vorrat an Lieblingsprodukten auch den Alltag vereinfachen. Denn man muss nicht lange überlegen und kann die Pasta oder den Reis oder die Kartoffeln ganz einfach in einer beliebigen Variante zubereiten.

Beim Einkauf bitte immer einen Blick auf den kg-Preis haben, der ist immer recht klein im linken oder rechten unteren Eck des Preisschildes zu finden. Mit ihm kann man ganz leicht vergleichen, welche Packungsgröße günstiger bzw. teurer ist. Das gilt auch für identische Produkte, etwa stückige Tomaten (die sind bei uns immer im Einkaufswagen) in unterschiedlichen Größen.

Beim Wocheneinkauf ist zu berücksichtigen, dass frische Produkte, vor allem Obst und Gemüse, auch in der Woche nachgekauft werden müssen. Entweder weil sie nicht eine Woche lang frisch halten oder weil der Platz im Kühlschrank nicht ausreicht, um alles zu lagern.

Auch halbwöchentliche Einkäufe oder alle zwei Tage kann für einen selbst praktischer sein, als einen wöchentlichen Großeinkauf zu tätigen. Ein kleiner Kühlschrank und eine Mini-Küche, wenig Zeit, weil man spät nach der Arbeit noch schnell in den Supermarkt springt, oder das Reagieren auf spontane Kochgelüste können ausschlaggebend sein.

Egal, wie die eigenen Vorlieben beim Einkaufen aussehen, die einzelnen Produktgruppen müssen zu Hause entsprechend gelagert werden, damit sowohl die Lebensmittelsicherheit, als auch eine möglichst lange Verzehrbarkeit gewährleistet ist.

Einkäufe lagern

TROCKENVORRÄTE UND KONSERVEN
Nudeln, Reis, Couscous, Mehl, Zucker, Salz, Tomatenmark, vorgegarte Kichererbsen – all diese Lebensmittel kommen mit einer recht langen Haltbarkeit in den Handel und können verschlossen leicht mehrere Wochen bis Jahre trocken und dunkel gelagert werden. Ideal für viele Gerichte in diesem Buch, die mit einigen frischen Zutaten ergänzt schnell zubereitet sind.

MILCHPRODUKTE
Frische Milch, Joghurt, Quark, Frischkäse, Käse und Co halten wenige Tage bis wenige Wochen frisch. Sie werden immer im Kühlschrank gelagert. Das Mindesthaltbarkeitsdatum darauf ist kein Verbrauchsdatum. Nach Ablauf des angegebenen Datums können Sie durch Riechen, Probieren und einen genauen Blick auf das Lebensmittel testen, ob es noch genießbar ist. Schimmelige Lebensmittel müssen immer aussortiert und entsorgt werden.

Der Fokus liegt in den Rezepten darauf, keine Reste aufkommen zu lassen. Dass sich Überbleibsel nicht immer vermeiden lassen, weil etwa zum Frühstück nur ein Teil vom Joghurt verwendet wird, ist natürlich. Oftmals hilft es, geöffnete Milchprodukte, wie Joghurt oder Crème fraîche, in saubere Gläser umzufüllen und zum Entnehmen ausschließlich frische, saubere Löffel zu verwenden, um sie möglichst lange zu genießen.

OBST, GEMÜSE, SALAT UND KRÄUTER
Bananen, Orangen, Aprikosen und viele andere Obstsorten gehören nicht in den Kühlschrank. Kühl gelagert bleiben sie aber länger frisch als in der Küche im Obstkorb. Wenn die kühle Lagerung nicht möglich ist, besser nur Mengen einkaufen, die in wenigen Tagen verzehrt werden können. Bleibt Obst übrig und droht zu verderben, kann es auch vorbereitet und eingefroren werden. Mehr dazu im nächsten Abschnitt. Frische Beeren gehören ins Gemüsefach in den Kühlschrank, mit einem angefeuchteten Tuch abgedeckt bleiben sie länger frisch.

Salat und Kräuter halten länger frisch, wenn man sie gleich nach dem Einkauf putzt, wäscht und trockenschleudert. Die Blätter nicht reißen, schneiden oder knicken, da diese Stellen beim Lagern oxidieren und bräunlich verfärben. Dann in einem verschlossenen Behälter im Kühlschrank lagern. Die Restfeuchtigkeit nach dem Waschen hält den Salat mehrere Tage frisch. Durch das rasche Putzen werden auch kleine abgedrückte Blätter entfernt, die häufig sehr rasch vergammeln. Kräuter ebenfalls waschen, trockentupfen und in ein feuchtes Tuch oder in einen Behälter füllen und im Kühlschrank lagern.

KARTOFFELN, ZWIEBELN, KNOBLAUCH, ÄPFEL
Diese Lebensmittel gehören in Gefäße mit Luftlöchern, damit sie nicht schimmeln. Entweder in einem kühlen Raum oder in der Küche in Mengen, die verbrauchbar sind. Dabei Äpfel nicht zusammen mit Bananen lagern, da sie das Reifen beschleunigen.

TIPP

Im Kühlschrank eine »Bitte-zuerst-Verbrauchen«-Box aufstellen. Dorthinein kommen alle Lebensmittel, die zuerst verbraucht werden müssen. Bei jeder Mahlzeit einen Blick in die Box werfen und etwas daraus verwerten.

Alles Wichtige zum richtigen Einfrieren

Bleibt beim Kochen etwas übrig, kann man diese Reste problemlos einfrieren. Auch kleine Überbleibsel von Lebensmitteln wandern am besten ins Gefrierfach, bevor sie verderben und weggeworfen werden müssen: eine angebrochene Mandelpackung, ein kleines Stück Parmesan, die letzten drei Stängel Petersilie (gehackt und in Eiswürfelbehältern).

Ein Gefriergerät kühlt Lebensmittel auf Temperaturen konstant unter –18 °C. Bei sehr kleinen Geräten empfehle ich das Einfrieren in flachen Beuteln, auch wenn sie nicht so umweltfreundlich sind wie wiederverwendbare Vorratsdosen. Sie nehmen viel weniger Platz ein und lassen sich gut stapeln. Gefrierschränke hingegen sind sehr übersichtlich. Die Schubkästen zum Herausziehen bieten einen guten Überblick über den Inhalt. Bei Gefriertruhen lohnt sich ein gutes System, um darin auch Ordnung zu halten.

TIPP

Hängen Sie eine Liste an die Tür des Gefriergerätes! Notieren Sie sich die wichtigsten Infos und streichen Sie die Zeile ab, wenn Sie das Gericht oder Lebensmittel entnommen haben.

WAS SICH BESONDERS GUT EINFRIEREN LÄSST, WENN RESTE ÜBRIG BLEIBEN:

WAS	WIE
frische Kräuter	gehackt und mit etwas Flüssigkeit in Eiswürfelbehälter gefüllt
festes Obst und Beeren (u. a. Kirschen, Pfirsiche, Nektarinen, Bananen, Zwetschgen, Mirabellen …)	vorbereitet, entkernt und in Stücke geschnitten
Tomatenmark, -püree, -sauce, stückige oder passierte Tomaten	in kleinen Silikonformen oder Eiswürfelbehältern, zum portionsweisen Entnehmen
Brühen und Saucen	in Behälter gefüllt
Pestos	in Eiswürfelbehältern oder kleinen Silikonformen
Käse	Hartkäse und Schnittkäse am besten geraspelt, Feta und Blauschimmelkäse in Stücken
Schinken, Speck, Bacon	am Stück, gewürfelt oder in Scheiben
Butter	am Stück, in Scheiben oder gewürfelt
Tortillas/Brot/Brötchen/trockene Kuchen	in Vorratsdosen oder Mehrweggefrierbeuteln
angebrochene Schokoladentafeln, Nüsse, Kerne, Samen	Packung mit einem Klipp verschlossen

TIPPS

Zum Einfrieren eignen sich neben Eiswürfelbehältern auch Silikonformen mit kleinen Mulden, zum Beispiel für Mini-Kuchen oder Pralinen. Aus den Silikonformen lassen sich die gefrorenen Eiswürfel sehr gut herauslösen.

Beim Einfrieren verlieren Gerichte immer etwas an Aroma und Geschmack, daher nach dem Auftauen und Erhitzen gut nachwürzen.

Bei der Frage, wie lange sich eingefrorene Gerichte aufbewahren lassen, findet man zahl reiche Tabellen, die sehr lange Einfrierzeiten angeben. Ich empfehle, sie innerhalb von 2–3 Monaten aufzubrauchen. Zum einen weiß man dann noch, was in der Truhe liegt, die Gefahr von Gefrierbrand ist gering und man behält die Übersicht deutlich besser. Zudem kostet es auch viel mehr Energie, wenn ein Gericht über einen langen Zeitraum eingefroren wird.

WAS IST GEFRIERBRAND UND WIE KANN ICH IHN VERMEIDEN?

Gefrierbrand ist eine sichtbare Veränderung des eingefrorenen Lebensmittels. Es entstehen weißgraue Stellen an Rändern und der Oberfläche. Sie erinnern an Verbrennungen. Diese Veränderungen entstehen durch Temperaturschwankungen im Inneren, zum Beispiel durch häufiges Öffnen des Gefrierfachs. Die Lebensmittel tauen dadurch leicht an und gefrieren wieder. Gefrierbrand bildet sich auch, wenn zu viel Luft während des Gefrierens an die Lebensmittel kommt. Öffnen Sie Ihren Gefrierschrank nur, wenn nötig, und schließen Sie die Tür rasch. Mit einem gut durchdachten System und Ordnung finden Sie immer schnell, was Sie suchen. Die vom Gefrierbrand betroffenen Stellen können entfernt werden. Die Lebensmittel sind meist noch verzehrbar. Ihre Nase hilft Ihnen zu entscheiden, ob Sie das Lebensmittel noch verzehren wollen oder nicht.

WELCHE BEHÄLTNISSE EIGNEN SICH ZUM EINFRIEREN?

Gefrierbeutel: ermöglichen flaches Einfrieren, frieren schneller durch, tauen bei Zimmertemperatur schnell auf, sehr platzsparend, stapelbar, sollten bis –18 °C gefriergeeignet sein. Zipperbeutel lassen sich leicht und sicher verschließen, sind nur bedingt wiederverwendbar, nicht besonders umweltfreundlich, besser auf wiederverwendbare Silikonbeutel zurückgreifen.

Gefrierdosen: eckige Vorratsdosen mit gut schließendem Deckel, gut stapelbar. Auftauen dauert länger, je höher die Dosen sind; gefrier- und (meist) mikrowellengeeignet, bis –18 °C gefriergeeignet, Mehrweg.

Glas: Geeignet sind Gläser mit Deckel, sterilisierte Marmeladengläser oder Glas-Mehrzweckformen, die meist einen Silikonrand-Deckel haben; sie müssen einen geraden Rand haben, dürfen sich an keiner Stelle verjüngen, damit sich das Gefriergut ausdehnen kann, ohne das Glas zu beschädigen – vor dem Einfrieren auf Schäden untersuchen! Deckel immer nur leicht verschließen, damit Luft entweichen kann; bis max. 2 cm unter den Rand befüllen, Gargut dehnt sich beim Gefrieren aus, gefriergeeignet bis –18 °C und hitzebeständig, falls es zum Erhitzen verwendet werden soll.

TIPP

Runde Formen nehmen viel Platz im Gefriergerät ein. Bevorzugen Sie eckige Aufbewahrungen.

Frischhaltefolie/Alufolie: Für den Umweltschutz nur in Maßen einsetzen, Frischhaltefolie eignet sich jedoch sehr gut, um Speisen fest zu umwickeln, um Gefrierbrand vorzubeugen.

Etiketten/wasserfester Marker: gefriergeeignete Etiketten, die sich nicht bei Kälte oder Feuchtigkeit ablösen. Ideal sind möglichst große, damit alle Informationen notiert werden können. Etiketten vor dem Befüllen anbringen, kleben dann meist besser.

Nachhaltig einkaufen

Mit einem Essensplan kauft es sich leichter ein, da die Gerichte bereits feststehen. Darauf aufbauend können Sie eine Einkaufsliste schreiben, die nach den Kategorien im Supermarkt und den Geschäften, die Sie regelmäßig besuchen, aufgeteilt ist. Gehen Sie gedanklich Ihren Lieblingseinkaufsmarkt durch und schreiben Sie die Produktkategorien auf. Nach diesen den Einkaufszettel strukturieren.

Bei Obst und Gemüse lohnt es sich, nach saisonalem und regionalem Angebot zu schauen, denn diese Artikel sind meist preiswerter. In den Rezepten können viele Lebensmittel durch ähnliche ersetzt werden: statt Rosenkohl etwas Wirsing oder Grünkohl, statt Paprika Aubergine oder Zucchini.

> Setzen Sie beim Einkauf auf regionale Produkte, das unterstützt die heimische (Land-)Wirtschaft und die Lieferwege sind kürzer. Kauft man heimische Produkte, vor allem bei Obst und Gemüse, sind das zugleich saisonale Waren. Sie sind während der natürlichen Saison oft auch günstiger, da ein reichhaltiges Angebot vorhanden ist. Wer kann, verzichtet auf plastikverpackte Lebensmittel und kauft Gemüse und Obst lose.

Vergleichen Sie Angebots-Pakete immer mit dem kg-Preis der Einzelware. Nur daran kann man genau sehen, ob es sich um ein echtes Angebot handelt.

Bei Fisch und Fleisch: Ganze Hähnchen vom Geflügelhof, wo man genau weiß, wie das Tier gelebt hat, lassen sich in Stücke teilen, einfrieren und je nach Rezeptur verwenden. Ganze Fische vom Fischhändler zerteilen lassen, aus den Karkassen einen Fond kochen (nur weißfleischige Sorten verwenden) und die Fischfilets für verschiedene Rezepte verwenden.

Bereiten Sie Saucen und Brühen (Sugo, Pesto, Dressings, Salatsaucen) in größeren Mengen vor und legen Sie diese in Gläsern in den Kühlschrank oder in Eiswürfelbehältern eingefroren auf Vorrat.

Frühling

In der Natur sprießt und grünt es endlich wieder und die Lust auf gemüsegefüllte Teller wächst. Die ersten Frühlingsboten sind Spargel und Bärlauch.

Spargel-Kartoffel-Tortilla

AUS DER PFANNE
VEGETARISCH

Für 2–3 Personen
Zubereitungszeit 25 Minuten
Garzeit 25 Minuten

500 g vorwiegend festkochende Kartoffeln
4 EL Olivenöl plus mehr zum Servieren
1 Bund weißer Spargel
1 Bund Dill
6 Eier
Salz
frisch gemahlener Pfeffer
1 TL edelsüßes Paprikapulver
Salzflocken zum Bestreuen

Die Kartoffeln waschen, schälen und in kleine Würfel schneiden. Im Olivenöl in einer breiten Pfanne in 10 Minuten braun und knusprig anbraten.

Inzwischen den Spargel waschen, schälen und in Stücke schneiden. Zu den angebratenen Kartoffeln geben und beides weitere 2–3 Minuten zusammen braten.

Den Dill waschen, dickere Stiele aussortieren und die Blätter hacken. Die Eier mit dem Dill, ½ TL Salz, etwas Pfeffer und dem Paprikapulver verquirlen. Die Eiermasse über der Kartoffel-Spargel-Mischung verteilen und die Tortilla bei mittlerer Temperatur abgedeckt etwa 10 Minuten garen, bis das Ei gestockt ist.

Die Tortilla aus der Pfanne auf eine Platte gleiten lassen und in Stücke schneiden. Mit einigen Tropfen Olivenöl, Salzflocken und Pfeffer bestreut servieren.

Was mache ich aus ...
... Spargelschalen und -abschnitten?

Entweder einfrieren und später auskochen oder direkt auskochen. Zum Auskochen die Spargelschalen und -abschnitte knapp mit Wasser bedecken, etwas Salz und Zucker zugeben und 20 Minuten leise köcheln lassen. Anschließend den abgeseihten Sud wie Gemüsebrühe zum Aufgießen von Suppen oder Eintöpfen verwenden.

... übrigen Kartoffeln aus größeren Fertig-Abpackungen?

Die Kartoffeln als Pellkartoffeln kochen. Dann kann man sie vielfältig weiterverarbeiten: Entweder sofort mit Kräuterquark und Leinöl servieren. Oder die Kartoffeln lauwarm pellen und daraus einen Kartoffelsalat zubereiten. Oder die Kartoffeln nach dem Erkalten in Scheiben schneiden und als Bratkartoffeln garen oder für ein Bauernfrühstück verwenden (siehe Seite 157).

Schnelle Minestrone

AUS DEM TOPF
VEGETARISCH

Für 2–3 Personen
Zubereitungszeit 10 Minuten
Garzeit 10 Minuten

1 Knoblauchzehe
1 Zwiebel
1 Packung TK-Gemüse-mischung nach Wahl oder TK-Buttergemüse (ca. 300 g), angetaut
2 EL Olivenöl nach Bedarf
150 g Mini-Penne rigate
2 TL Tomatenmark
1 TL italienische getrocknete Kräutermischung
Salz
1 Bund Schnittlauch
frisch gemahlener Pfeffer
frisch geriebene Muskatnuss

Den Knoblauch und die Zwiebel abziehen und hacken. Bei Verwendung der Gemüsemischung das Olivenöl in einem Topf erhitzen und die Mischung, den Knoblauch sowie die Zwiebel darin anschwitzen. Bei der Verwendung von Buttergemüse alles ohne Öl in der enthaltenen Butter anschwitzen.

Dann die Penne, das Tomatenmark, die getrockneten Kräuter sowie 1 TL Salz zugeben und mit der Gemüsemasse verrühren. Mit 1,2 l kochendem Wasser aus dem Wasserkocher aufgießen und unter Rühren zum Kochen bringen. Die Minestrone 7–8 Minuten (Garzeit der Pasta laut Packungsangabe plus 1–2 Minuten) garen, dabei häufig umrühren.

Anschließend den Schnittlauch waschen, trockentupfen und in feine Röllchen schneiden. Sobald die Nudeln gar sind, alles mit Salz, Pfeffer und Muskat abschmecken und den Schnittlauch unterrühren. Die Minestrone in tiefen Schalen anrichten und servieren.

Was mache ich aus ...
... übrigen Penne aus der Abpackung?

Trockene Vorräte sind lange haltbar, können also gut aufbewahrt werden. Um dennoch Reste zu vermeiden, die übrigen Penne in Salzwasser kochen und zu einem Nudelsalat für den nächsten Tag zubereiten.

Tipp

1) TK-Gemüse ist oft besser als sein Ruf. Es wird erntefrisch eingefroren und kann ohne Reste durch Schälen o.Ä. verbraucht werden. Nach dem Einkauf rasch wieder tiefkühlen, damit die Kühlkette nicht zu lange unterbrochen wird.

2) Auch einzelne Gemüse, die wegmüssen, passen gut in solch eine Minestrone. Pilze, Karotten, Kohlrabi, Brokkoli usw. klein schneiden, anschwitzen und mit den Nudeln zusammen garen. Durch die kurze Garzeit der Pasta bleibt das Gemüse bissfest.

Zucchini-Bärlauch-Gnocchi

AUS DER PFANNE
VEGETARISCH

Für 2 Personen
Zubereitungszeit 10 Minuten
Garzeit 12–15 Minuten

3–4 in Öl eingelegte getrocknete Tomatenfilets inkl. 2–3 EL Einlegeöl
1 Packung Gnocchi aus der Frischetheke (ca. 400 g)
2 Zucchini
4 Zweige Thymian
1 Bund Bärlauch (ca. 50 g)
1 Bund Schnittlauch
Salz
frisch gemahlener Pfeffer
1 Packung Mini-Mozzarella (ca. 150 g)

Eine Pfanne erhitzen, das Öl der eingelegten Tomaten hineingeben und die Gnocchi darin unter gelegentlichem Wenden in 5–6 Minuten braun und knusprig anbraten.

Inzwischen die Zucchini waschen, die Enden abschneiden, die Zucchini längs vierteln und in Stücke schneiden. Die getrockneten Tomaten hacken. Beides zu den angebratenen Gnocchi hinzufügen und weitere 3–4 Minuten zusammen braten.

Die Kräuter waschen und trockentupfen. Die Thymianblättchen abzupfen und mit dem Bärlauch klein hacken, den Schnittlauch in kleine Röllchen schneiden. Die Kräuter zu den Gnocchi geben und mit Salz sowie Pfeffer würzen. Zuletzt die Mozzarellakugeln abtropfen lassen, darüber verteilen, die Pfanne abdecken und den Käse 1–2 Minuten schmelzen lassen.

Anschließend die Zucchini-Bärlauch-Gnocchi auf Teller verteilen und servieren.

Tipp

Gnocchi, Schupfnudeln und Co. sind schnelle Gerichte, die sich mit allerlei Gemüse zubereiten lassen. Die Gemüsesorten dazu am besten nach Saison und Region auswählen. Festeres Gemüse, wie etwa Kürbis oder Karotten, separat braten, bis es gar ist, dann mit den gebratenen Gnocchi vermengen und würzig abschmecken.

Geröstetes Ofengemüse mit Kichererbsen

AUS DEM BACKOFEN
VEGETARISCH

Für 2 Personen
Zubereitungszeit 25 Minuten
Garzeit etwa 30 Minuten

1 Bund Suppengemüse
1 kleiner Blumenkohl
1 Zucchini
1 Zwiebel
1 Glas Kichererbsen (Abtropfgewicht ca. 260 g)
5 EL Olivenöl plus mehr zum Beträufeln
3 EL Sojasauce
2 TL flüssiger Honig
Salz
frisch gemahlener Pfeffer
1 geh. TL getrockneter Thymian
2 Knoblauchzehen
1 Zitrone
1 Glas Tahin (ca. 120 g)
1 TL Kreuzkümmelpulver

Das Suppengemüse waschen, putzen und in mundgerechte Stücke schneiden. Den Blumenkohl waschen, in Röschen teilen und den Strunk in Stücke schneiden. Die Zucchini waschen, die Enden abschneiden und das Fruchtfleisch in mundgerechte Stücke schneiden. Die Zwiebel abziehen und in Scheiben schneiden.

Den Backofen auf 220 °C Ober-/Unterhitze vorheizen. Ein Backblech mit Backpapier auslegen. Die Kichererbsen in einem Sieb mit untergestellter Schale abgießen, abtropfen lassen und das aufgefangene Kichererbsenwasser (Aquafaba) in einem anderen Rezept weiterverwenden (z. B. siehe »Was mache ich aus …?« unten).

Das vorbereitete frische Gemüse und die Hälfte der Kichererbsen auf dem Backblech verteilen. Für eine Marinade 3 EL Olivenöl mit Sojasauce, Honig, 2 TL Salz, 2–3 Prisen Pfeffer und Thymian in eine Schale geben. Den Knoblauch abziehen, eine Knoblauchzehe zur Marinade reiben und verrühren. Die Marinade über dem Gemüse verteilen und alles gründlich vermengen. Das Gemüse im vorgeheizten Backofen auf dem mittleren Einschub 25–30 Minuten backen.

Aus den restlichen Kichererbsen Hummus zubereiten. Dazu die Zitrone auspressen. Die Kichererbsen mit der übrigen Knoblauchzehe, dem Saft der Zitrone, dem Tahin, 50 ml Wasser, 2 EL Olivenöl, 1 TL Salz, Kreuzkümmel und etwas Pfeffer in einem hohen Gefäß fein pürieren.

Den Hummus in eine Schüssel füllen und mit etwas Olivenöl beträufeln. Das Gemüse auf Teller verteilen und mit dem Hummus servieren.

Was mache ich aus …
… Kichererbsenwasser (Aquafaba)?

Kichererbsenwasser lässt sich als Eiweißersatz wie Eischnee aufschlagen. Wie daraus eine schnelle und leckere Schokoladenmousse wird, lesen Sie auf Seite 170.

Fenchel-Salsiccia-Pfanne mit Bulgur

AUS DER PFANNE MIT FLEISCH

Für 2 Personen
Zubereitungszeit 20 Minuten
Garzeit etwa 20 Minuten

100 g Bulgur
1 Packung Salsiccia (italienische Fenchelbratwurst; 4 Stück)
2 EL Olivenöl
3 mittlere Fenchelknollen
Salz
frisch gemahlener Pfeffer
1 kleiner Becher Joghurt (ca. 150 g)

Den Bulgur in eine Schale geben, knapp mit warmem Wasser bedecken und 15 Minuten einweichen. Inzwischen die Salsiccia in Scheiben schneiden und in 1 EL Olivenöl in einer breiten Pfanne in 5 Minuten braun anbraten.

Die Fenchelknollen waschen, vierteln und samt Strunk in dünne Streifen schneiden. Das Fenchelgrün zum Servieren beiseitelegen. Den Fenchel zur angebratenen Wurst in die Pfanne geben und zusammen weitere 5 Minuten braten, dabei gelegentlich wenden.

Den fertig eingeweichten Bulgur in einem Sieb abtropfen lassen. Fenchel und Salsiccia an den Pfannenrand schieben und den Bulgur in 1 EL Olivenöl in der Mitte der Pfanne anbraten. Mit Salz und Pfeffer würzen. Anschließend alles vermengen, den Joghurt unterrühren und kurz erhitzen. Zuletzt mit etwas Salz abschmecken.

Die Mischung auf Teller verteilen. Das Fenchelgrün klein zupfen, darüberstreuen und die Fenchel-Salsiccia-Pfanne servieren.

Tipp

Wer gerne und oft Joghurt isst, hat meist keine Probleme mit Resten. Dann lohnen sich auch größere Abpackungen. Ich liebe die Silikondeckel, die auf 500-g-Becher passen und die man oft einfach im Supermarkt kaufen kann. Mit den Deckeln ist alles gut geschützt. Nach dem Entnehmen des Joghurts die Ränder innen im Becher oder Glas mit einem Teigschaber ausputzen, um Reste auch dort herauszubekommen.

Erbsenrisotto – mit oder ohne Garnelen

AUS DEM TOPF
MIT MEERESFRÜCHTEN ODER VEGETARISCH

Für 2 Personen
Zubereitungszeit 15 Minuten
Garzeit etwa 20 Minuten

2 Schalotten
1 Knoblauchzehe
700 ml Gemüsebrühe
2 EL Olivenöl
200 g Risottoreis
50 ml Weißwein (alternativ mehr Brühe)
150 g TK-Erbsen, aufgetaut
150 g TK-Garnelen ohne Kopf und Schale, aufgetaut (optional)
1 unbehandelte Zitrone
4 Stängel Minze (alternativ Dill oder Petersilie)
1 kleines Stück Parmesan (ca. 50–75 g)
Salz
frisch gemahlener Pfeffer
1 kleiner Becher Crème fraîche (ca. 150 g)

Die Schalotten sowie den Knoblauch abziehen und hacken. Die Brühe in einem Topf aufkochen und warm halten. Das Olivenöl in einem weiteren Topf erhitzen und Schalotten sowie Knoblauch darin anschwitzen. Den Reis zugeben und ebenfalls anschwitzen. Mit dem Weißwein ablöschen und unter Rühren verkochen lassen. Dann Kelle für Kelle die heiße Brühe angießen, gelegentlich rühren und den Reis bei mittlerer Temperatur etwa 15 Minuten köcheln lassen.

Anschließend die Erbsen sowie falls verwendet die Garnelen zugeben und alles weitere 3–4 Minuten zusammen garen.

Die Zitrone heiß waschen, trockenreiben und die Schale abreiben. Die Minze waschen, trockentupfen und hacken. Den Parmesan reiben.

Den Zitronenabrieb zum Risotto hinzufügen und alles mit Salz, Pfeffer und der Minze verfeinern. Zuletzt die Crème fraîche und den Parmesan unterrühren. Das Risotto in tiefen Tellern anrichten und servieren.

Was mache ich aus …
… kleinen Parmesanresten und Käserinde?

Beides lässt sich einfrieren und später verwenden. Die Parmesanrinde zum Auskochen mit in Suppen, Eintöpfe oder Saucen geben, das verleiht ein würziges Aroma.

Tipp

Zwischen Mai und September sind Erbsen frisch in der Schote erhältlich. Unbedingt probieren, denn sie sind wunderbar knackig und schön süß. Für die benötigte Menge an Erbsen in dem Rezept braucht man etwa 500 g Erbsenschoten.

Ofenpasta mit grünem Spargel

AUS DEM BACKOFEN
VEGETARISCH

Für 2 Personen
Zubereitungszeit 20 Minuten
Garzeit etwa 30 Minuten

900 ml Gemüsebrühe
1 Bund grüner Spargel
2 EL Olivenöl
250 g Mezzi Rigatoni
1 Packung Kräuterfrischkäse (ca. 150–200 g)
Salz
100 g Parmesan
50 g Semmelbrösel
1 TL getrockneter Thymian
2 EL Sesamsaat
frisch gemahlener Pfeffer
1 Handvoll Kirschtomaten
3 Stängel Basilikum

Den Backofen auf 200 °C Ober-/Unterhitze vorheizen. Die Gemüsebrühe aufkochen. Den Spargel waschen, die unteren Drittel schälen und die Stangen in 2 cm breite Stücke schneiden.

Eine Auflaufform mit dem Olivenöl einfetten und den Spargel sowie die Rigatoni darin verteilen. Den Frischkäse in kleinen Portionen zugeben, die heiße Gemüsebrühe angießen und 1 TL Salz darüberstreuen. Alles gründlich verrühren. Die Masse im vorgeheizten Backofen auf dem mittleren Einschub 25 Minuten garen.

Anschließend umrühren, dabei probieren, ob die Pasta al dente ist. Bei Bedarf einen Schuss Wasser angießen und weitere 2–3 Minuten garen.

Den Parmesan reiben und mit den Semmelbröseln, dem Thymian, dem Sesam und 2–3 Prisen Pfeffer mischen. Die Kirschtomaten waschen und halbieren. Zunächst die Tomaten und dann die Parmesan-Semmelbrösel-Mischung über die Pastamasse streuen. Den Backofen auf 230 °C Grillfunktion einschalten und die Ofenpasta in 2–3 Minuten goldbraun überbacken.

Das Basilikum waschen und klein zupfen. Die Ofenpasta auf Tellern anrichten und mit dem Basilikum bestreut servieren.

Tipp

1) Grüner Spargel muss nicht zwingend geschält werden. Je frischer und jünger, umso besser. Wenn er nach der Ernte einige Tage liegt oder auch in der fortgeschrittenen Saison wird die grüne Schicht fester und kann faserig sein. Am besten am unteren Ende testen: Lässt sich der Spargel knackig abbeißen, muss er nicht geschält werden. Schalen können wie beim weißen Spargel (siehe »Was mache ich aus …?« Spargelschalen und -abschnitten?«, Seite 23) mit zu Gemüsebrühe verkocht werden.

2) Frischkäse gibt es in zahlreichen Größen, daher in diesem Rezept die ca.-Angabe. Wer etwas mehr oder weniger verwenden möchte, kann das tun. Entscheidend für das Garen der Pasta ist die Brühe, der Frischkäse gibt die Cremigkeit.

Kokos-Mie-Nudel-One-Pot

AUS DEM TOPF
VEGAN

Für 4 Personen
Zubereitungszeit 20 Minuten
Garzeit 15 Minuten

3-4 Karotten
1 dickere Stange Lauch
1 Packung Champignons (ca. 400 g)
2 EL geröstetes Sesamöl (alternativ andere Sorte)
2 TL scharfes Currypulver
1 Dose Kokosmilch (ca. 400 ml)
Salz
frisch gemahlener Pfeffer
1 Päckchen Mie-Nudeln (ca. 200–250 g)
1 Bund Koriander
1 unbehandelte Limette

Die Karotten waschen, schälen und in dünne Scheiben schneiden. Den Lauch der Länge nach halbieren, gründlich waschen und in feine Streifen schneiden. Die Champignons trocken sauber abreiben und vierteln.

Das Sesamöl in einem Topf erhitzen und das vorbereitete Gemüse darin 2-3 Minuten anschwitzen. Das Currypulver einstreuen und kurz anrösten. Dann die Kokosmilch und 250 ml Wasser angießen. 1 TL Salz und etwas Pfeffer zugeben, alles zum Kochen bringen und 5 Minuten köcheln lassen.

Anschließend die Mie-Nudeln unterrühren und im heißen Kokossud bei niedriger Temperatur 5 Minuten garen.

Den Koriander waschen, trockentupfen und grob hacken. Die Limette in Spalten schneiden. Die Suppe in Schalen anrichten, mit dem Koriander bestreuen und die Limettenspalten dazu reichen.

Tipp

1) Für mehr Abwechslung als Fleischvariante: Angebratene Hähnchenbruststreifen, Rinderhüfte oder gewürfelten Lachs in der heißen Suppe mitgaren.

2) Geröstetes Sesamöl hat einen ganz besonders nussigen Geschmack und ist sehr aromatisch. Die Anschaffung lohnt sich vor allem, wenn man gerne und regelmäßig asiatische Gerichte zubereitet. Ansonsten darf es ruhig durch ein vorhandenes Öl ersetzt werden. Geröstetes Sesamöl wird deutlich schneller ranzig als neutrales Pflanzenöl, etwa aus Raps oder Sonnenblumenkernen, bewahren Sie es daher im Kühlschrank auf.

Gewürzreis mit Harissa-Blumenkohl

AUS DEM TOPF
VEGETARISCH

Für 2 Personen
Zubereitungszeit 15 Minuten
Garzeit etwa 15 Minuten plus
5 Minuten Zeit zum Ziehen

150 g Basmatireis
Salz
3 TL Zatar (Gewürzmischung aus Sumach, Sesamsaat, syrischem Oregano)
1 Blumenkohl
2 TL Harissa-Paste (alternativ als trockene Gewürzmischung mit 1 EL Olivenöl verrührt)
2 EL Olivenöl
1 Bund Dill (frisch oder TK), aufgetaut
1 EL Rosinen
2 EL Mandelblättchen mit Schale
frisch gemahlener Pfeffer
1 unbehandelte Zitrone
2 kleine Becher Joghurt (à ca. 150 g)

Den Basmatireis in einem Sieb abspülen, in einen breiten Topf geben, mit ½ TL Salz sowie dem Zatar bestreuen und 250 ml Wasser angießen.

Den Blumenkohl waschen, in Röschen teilen und den Strunk klein schneiden. Den Blumenkohl in einer Schüssel mit Harissa, dem Olivenöl und ½ TL Salz vermengen. Die Mischung auf dem Reis verteilen. Alles abgedeckt zum Kochen bringen. Sobald das Wasser kocht, die Temperatur reduzieren und die Masse bei niedriger Temperatur 15 Minuten garen.

Anschließend den Topf vom Herd nehmen und die Masse 5 Minuten ruhen lassen. Inzwischen den frischen Dill waschen, trockentupfen und hacken.

Den Blumenkohl-Gewürzreis mit Rosinen, Mandelblättchen sowie Dill bestreuen und mit Pfeffer würzen. Zuletzt die Zitrone in Spalten schneiden. Den Reis mit den Spalten und dem Joghurt servieren.

Was mache ich aus …
… Blättern vom Blumenkohl?

Sie schmecken sehr gut, wenn sie klein geschnitten in etwas Butter angebraten und auf einem Salat serviert werden. Zuletzt einfach noch mit Salz und 1 Prise Pfeffer würzen.

Würzige Bohnen-Tomaten-Suppe

AUS DEM TOPF
VEGAN

Für 2 Personen
Zubereitungszeit 15 Minuten
Garzeit 20 Minuten

1 Zwiebel
1 Knoblauchzehe
1 daumendickes Stück Ingwer (ca. 2 cm)
2 rote Paprikaschoten
2 EL Olivenöl
1 TL edelsüßes Paprikapulver
1 TL rosenscharfes Paprikapulver
2 EL Tomatenmark
1 kleines Glas rote Bohnen (Abtropfgewicht ca. 260 g)
1 kleines Glas weiße Bohnen (Abtropfgewicht ca. 260 g)
1 kleine Dose stückige Tomaten (ca. 400 g)
250 ml Gemüsebrühe
Salz
frisch gemahlener Pfeffer
1 Prise Zucker
2 EL frisch gehackte Kräuter nach Wahl

Die Zwiebel und den Knoblauch abziehen und hacken. Den Ingwer schälen. Die Paprika waschen, die Samen sowie die weißen Trennwände entfernen und die Schoten klein würfeln.

Das Olivenöl in einem Topf erhitzen und die Zwiebel sowie den Knoblauch darin anschwitzen. Den Ingwer dazureiben und 2 Minuten weiter anschwitzen. Dann die gewürfelten Paprika, beide Paprikapulver und das Tomatenmark hinzufügen. Unter Rühren 3 Minuten anschwitzen.

Anschließend die Bohnen jeweils in einem Sieb abgießen und mit in den Topf geben. Die stückigen Tomaten und die Brühe angießen. Mit 1 TL Salz würzen und alles aufkochen. Die Suppe bei mittlerer Temperatur 10 Minuten köcheln lassen.

Anschließend die Suppe mit Salz, Pfeffer und dem Zucker abschmecken. In Schalen anrichten und mit den frisch gehackten Kräutern bestreut servieren.

Tipp

Kräuter gehören für mich zu jedem Essen. Frisch gehackt sind sie schön aromatisch und würzig, natürlich auch etwas fürs Auge. Hierbei kann jeder nach seinem eigenen Geschmack wählen und verwenden, was auf Terrasse, Balkon oder der Fensterbank wächst bzw. was gerade saisonal frisch zu kaufen ist.

Brokkoli-Orecchiette mit Brätbällchen

AUS DEM TOPF
MIT FLEISCH

Für 2 Personen
Zubereitungszeit 20 Minuten
Garzeit 20 Minuten

2 frische Bratwürste
1 Zwiebel
1 Knoblauchzehe
1 Brokkoli
250 g Orecchiette
Salz
1 gelbe Paprikaschote
150 ml Milch
2 EL Tomatenmark
1 Prise Zucker
frisch gemahlener Pfeffer
1 TL getrockneter Oregano
Parmesan zum Reiben

Das Brät der Bratwürste aus der Pelle drücken und zu kleinen Bällchen rollen. Einen Topf erhitzen und die Bratwurstbällchen darin ohne zusätzliches Fett rundum braun braten.

Die Zwiebel und den Knoblauch abziehen und würfeln. Den Brokkoli waschen, Röschen und Strunk in mundgerechte Stücke teilen bzw. schneiden. Die fertig gebratenen Brätbällchen aus dem Topf nehmen, in eine Schüssel umfüllen und beiseitestellen.

Die Zwiebel, den Knoblauch und den Brokkoli in den Topf geben und im Bratfett der Würstchen 2–3 Minuten anbraten. Anschließend das Gemüse zu den Wurstbällchen in der Schüssel hinzufügen.

Die Orecchiette in den Topf geben, 1 TL Salz hinzufügen und mit 1 l kochendem Wasser aus dem Wasserkocher aufgießen. Die Pasta laut Packungsangabe al dente garen, dabei gelegentlich umrühren.

Inzwischen die Paprikaschote waschen, die Samen sowie die weißen Trennwände entfernen und die Hälften in kleine Würfel schneiden.

Die fertig gegarte Pasta abgießen, zurück in den Topf geben und die Brätbällchen-Brokkoli-Mischung sowie die Paprikawürfel hinzufügen. Die Milch mit dem Tomatenmark, dem Zucker, 2–3 Prisen Pfeffer und dem Oregano verrühren und zur Pastamasse geben. Alles vermengen und einmal aufkochen.

Anschließend die Orecchiette in Schalen anrichten und zum Servieren Parmesan darüberreiben.

Tipp

Orecchiette sind eine kleine, muschelförmige Pasta, mit einer Kochzeit um 10–12 Minuten. Sie bleiben auch nach der angegebenen Garzeit recht bissfest, daher sind sie nicht so gut für das Garen in Sauce geeignet wie viele andere Pastasorten.

Bami Goreng

AUS DEM WOK/DER PFANNE MIT FISCHSAUCE

Für 2 Personen
Zubereitungszeit 20 Minuten
Garzeit etwa 10 Minuten

1 Chinakohl
1 Bund Frühlingszwiebeln
2 Karotten
2 Knoblauchzehen
2 EL geröstetes Sesamöl (alternativ neutrales Pflanzenöl)
150 g Wok-Nudeln (ohne Vorkochen; siehe Tipp unten)
2 EL Sambal Oelek
3 EL Sojasauce
2 EL Fischsauce
Salz
frisch gemahlener Pfeffer
300 ml Gemüsebrühe
2 EL grob gehackte Erdnusskerne

Den Chinakohl waschen, der Länge nach vierteln und in Streifen schneiden. Die Frühlingszwiebeln putzen, waschen und in Ringe schneiden. Die Karotten waschen, schälen und in dünne Streifen hobeln. Den Knoblauch abziehen und hacken.

Das Sesamöl in einem Wok oder einer breiten Pfanne erhitzen und den Knoblauch sowie die Hälfte der Frühlingszwiebeln darin in einigen Minuten braun anbraten. Dann den Chinakohl und die Karotten zugeben und unter gelegentlichem Wenden 2–3 Minuten anbraten. Anschließend die Wok-Nudeln darüberstreuen und unter Rühren 1–2 Minuten anbraten. Zuletzt Sambal Oelek, Sojasauce, Fischsauce, etwas Salz und Pfeffer sowie die Gemüsebrühe hinzufügen, aufkochen und alles so lange garen, bis die Nudeln die Flüssigkeit aufgenommen haben.

Das Bami Goreng in Schalen anrichten und mit den übrigen Frühlingszwiebeln und den Erdnüssen bestreut servieren.

Was mache ich aus …
… Karottenschalen?

Einfrieren und zu Gemüsebrühe (siehe Tipp zu »Spargel-Kartoffel-Tortilla« auf Seite 23) verkochen.

Tipp

Wok-Nudeln sind kurze Weizennudeln, die ohne Vorkochen auskommen und in nur wenigen Minuten in Flüssigkeit garen. Ideal, wenn es mal schnell gehen soll. Alternativ Mie-Nudeln verwenden und diese vorher nach Packungsangabe in heißem Wasser garen.

Mairübchen-Gratin mit Spinat

AUS DEM BACKOFEN
VEGETARISCH

Für 2 Personen
Zubereitungszeit 20 Minuten
Garzeit etwa 30 Minuten

6–8 Mairübchen
300 g TK-Rahmspinat, aufgetaut
1 Becher Frischkäse (ca. 250 g)
150 ml Milch
2 TL Speisestärke
1 Stück gut gereifter, fester Schnitt- oder Hartkäse (Manchego, Gruyère, Pecorino, Parmesan o. Ä.; ca. 150 g)
4 EL Semmelbrösel

Den Backofen auf 180 °C Ober-/Unterhitze vorheizen.

Die Mairübchen waschen und schälen. Die Rübchen in Scheiben und die Blätter klein schneiden. Den Spinat mit den Mairübchen-Blättern, dem Frischkäse, der Milch, der Speisestärke und der Hälfte des Manchego vermengen.

Die Mairübchen-Scheiben mit der Spinatmischung in eine Auflaufform einschichten. Den übrigen Käse und die Semmelbrösel darüberstreuen. Den Auflauf im vorgeheizten Backofen auf dem mittleren Einschub 25–30 Minuten backen.

Anschließend den Auflauf in Stücke teilen, auf Tellern anrichten und servieren.

Was mache ich aus …
…altbackenen Brot- und Brötchenresten?

1) Daraus sind in der Küchenmaschine schnell Semmelbrösel zubereitet. Dafür eignen sich alle möglichen Brotreste, auch Brote aus Vollkornmehl oder mit Körnern und Saaten, sobald sie vollständig durchgetrocknet sind.

2) Solche Reste lassen sich auch leicht zu Croûtons verarbeiten. Dafür sollten die Brotscheiben oder Brötchen noch leicht biegsam sein, damit sie nach dem Braten zu Croûtons außen knusprig und innen soft sind. Solche Brot- und Brötchenreste klein schneiden oder würfeln und in einer Dose oder einem Gefrierbeutel einfrieren. Bei Bedarf dann einfach die gewünschte Menge entnehmen und in einer Pfanne in etwas Butter oder Öl zu Croûtons anbraten.

Tipp

Das Gratin schmeckt auch mit Kohlrabi sehr lecker. Dafür statt 6–8 Mairübchen 3 mittelgroße Kohlrabi verwenden.

Karotten-Perlgraupen-Risotto

AUS DEM TOPF
VEGETARISCH

Für 4 Personen
Zubereitungszeit 20 Minuten
Garzeit etwa 35 Minuten

1 Bund Karotten mit Grün
1 Zwiebel
1 Knoblauchzehe
200 g mittelstarke Perlgraupen
2 EL Olivenöl
650 ml Gemüsebrühe
1 kleines Stück Parmesan (ca. 50–75 g)
1 Becher Crème fraîche (ca. 150 g)
Salz
frisch gemahlener Pfeffer

Die Karotten waschen, schälen und würfeln. Das Karottengrün aufbewahren und anderweitig verwenden (z. B. für ein Pesto, siehe »Was mache ich aus …?« unten). Die Zwiebel und den Knoblauch abziehen und würfeln. Das Olivenöl in einem Topf erhitzen und beides darin anschwitzen. Anschließend Karotten hinzufügen und kurz mit anschwitzen.

Die Perlgraupen in einem Sieb abspülen, mit in den Topf geben und ebenfalls 1–2 Minuten anschwitzen. Dann die Brühe angießen, verrühren und aufkochen. Die Graupenmischung bei mittlerer Temperatur 25–30 Minuten köcheln lassen.

Inzwischen den Parmesan reiben. Die fertig gegarte Graupenmischung mit der Crème fraîche und dem Parmesan verrühren.

Das Risotto mit Salz und Pfeffer würzen und auf Teller verteilen und servieren. Dazu passt zum Beträufeln zum Beispiel ein Karottengrün-Pesto (siehe unten).

Was mache ich aus ...
... Karottengrün?

1) Zum Beispiel ein Pesto. Dafür das Karottengrün gründlich waschen, die dickeren Stiele entfernen und die Blätter grob hacken. 50 g Mandeln (gehackt oder in Stiften) in einer Pfanne trocken anrösten und abkühlen lassen. 1 Knoblauchzehe abziehen und mit dem Karottengrün, den Mandeln, ½ TL Salz und 150 ml Olivenöl in der Küchenmaschine pürieren. Mit einigen Spritzern Zitronensaft, etwas Salz sowie Pfeffer würzig abschmecken und zuletzt 30 g frisch geriebenen Parmesan unterrühren. In sauber ausgespülte Gläser füllen und im Kühlschrank aufbewahren. Das Pesto im Glas ist ein tolles Geschenk zum Mitnehmen; es kann aber genauso gut in Eiswürfelbehältern eingefroren werden.

2) Karottengrün kann auch gehackt wie Petersilie verwendet oder in Kräuterbutter oder herzhaftes Gebäck gegeben werden.

Kartoffelpuffer mit Belag

AUS DER PFANNE
VEGETARISCH

Für 2 Personen
Zubereitungszeit 20 Minuten
Garzeit 20 Minuten

FÜR DIE PUFFER
500 g festkochende Kartoffeln
1 Ei
2 EL Speisestärke
Salz
frisch geriebene Muskatnuss
ca. 2 EL neutrales Pflanzenöl zum Braten (Menge mehr oder weniger, nach Geschmack)

FÜR DEN BELAG
1 rote Paprikaschote
1 kleines Glas Mais (Abtropfgewicht ca. 220 g)
1 rote Zwiebel
1 Bund Schnittlauch
1 Becher saure Sahne (ca. 200 g)
Salz
frisch gemahlener Pfeffer

Für die Puffer die Kartoffeln waschen, schälen und auf der groben Seite der Küchenreibe raspeln. Die Raspel etwas zusammendrücken und das ausgetretene Wasser abgießen. Das Ei, die Speisestärke, 2 Prisen Salz und 1 Prise Muskat zugeben und verrühren.

Das Öl in einer Pfanne erhitzen und die Kartoffeln hineingeben. Die Masse etwas andrücken und an den Rändern rund formen. Bei niedriger bis mittlerer Temperatur in etwa 10 Minuten goldbraun und knusprig braten. Dann den großen Kartoffelpuffer wenden und auf der anderen Seite ebenfalls in etwa 10 Minuten goldbraun und knusprig braten.

Für den Belag die Paprika waschen, die Samen sowie die weißen Trennwände entfernen und das Fruchtfleisch klein würfeln. Den Mais abtropfen lassen. Die Zwiebel abziehen und in dünne Spalten schneiden. Den Schnittlauch waschen, trockentupfen und in kleine Röllchen schneiden.

Zum Anrichten den Puffer auf eine Platte gleiten lassen. Mit der sauren Sahne bestreichen und Paprika, Mais, Zwiebel sowie Schnittlauch darauf verteilen. Den Puffer in Stücke schneiden, mit etwas Salz und Pfeffer würzen und servieren.

Sommer

Wenns draußen am schönsten ist, darf das Essen schnell auf dem Tisch stehen. Eine prall gefüllte Salatschale und die kalte Gemüsesuppe sind meine sommerlichen »One Pot Wonder«.

Perlcouscous mit Gemüse

AUS DEM TOPF
VEGAN

Für 2–3 Personen
Zubereitungszeit 25 Minuten
Garzeit 25 Minuten

150 g Perlcouscous
Salz
3 Karotten
2 Zucchini
1 Brokkoli
250 g grüne Bohnen
1 rote Zwiebel
2 Knoblauchzehen
5 EL Olivenöl plus ca. 75 ml mehr für die Paste
1 TL Kurkumapulver
1 TL edelsüßes Paprikapulver
4 Stängel Minze
4 Stängel Petersilie
1 Zitrone
frisch gemahlener Pfeffer
2 TL Sesamsaat

Den Perlcouscous nach Packungsangabe in leicht gesalzenem Wasser in einem Topf garen. Inzwischen Karotten, Zucchini, Brokkoli und Bohnen waschen und putzen. Die Karotten schälen und zusammen mit den Zucchini würfeln. Den Brokkoli in kleine Röschen teilen, den Strunk aufbewahren. Die Bohnen in mundgerechte Stücke teilen. Die Zwiebel und den Knoblauch abziehen und würfeln.

Den Perlcouscous abgießen und in einer Schüssel beiseitestellen. 2 EL Olivenöl in dem Topf erhitzen, Zwiebel, Knoblauch und Bohnen zugeben, kräftig salzen und unter gelegentlichem Wenden 10 Minuten braten. Dann Karotten und Brokkoli hinzufügen und weitere 5 Minuten braten. Zuletzt die Zucchini und den Perlcouscous zugeben, mit 3 EL Olivenöl beträufeln, mit Kurkuma und Paprika würzen und erneut kräftig salzen. Das Gemüse mit dem Couscous weitere 3–4 Minuten garen.

Die Minze und die Petersilie waschen und trockentupfen. Den Brokkolistrunk klein schneiden. Den Saft der Zitrone auspressen. Minze, Petersilie, Zitronensaft, 75 ml Olivenöl, 2 EL Wasser und 2 Prisen Salz in einem hohen Gefäß zu einer Paste pürieren. Nach Bedarf noch mehr Olivenöl zugeben.

Die Perlcouscous-Pfanne auf Teller verteilen. Mit der Brokkolistrunk-Paste beträufeln, den Sesam darüberstreuen und servieren.

Tipp

Perlcouscous ist eine orientalische Pastasorte, die aus Hart- oder Weichweizengrieß gerollt wird. Lose oder im Kochbeutel lässt sich diese vielfältig einsetzbare Beilage mit zahlreichen Gewürzen, Gemüsesorten sowie Fisch und Fleisch kombinieren. Perlcouscous ist nach dem Garen schön bissfest und kann knusprig gebraten werden.

Sommertortilla

AUS DER PFANNE
VEGETARISCH

Für 2 Personen
Zubereitungszeit 20 Minuten
Garzeit 15 Minuten

1 rote Paprikaschote
1 gelbe Paprikaschote
1 Zucchini
1 rote Zwiebel
4 Zweige Thymian
1 kleines Glas entsteinte Oliven (Abtropfgewicht ca. 80–100 g)
2 EL Olivenöl
4 Eier
50 ml Milch
Salz
1 Stück Parmesan (ca. 50–75 g)
frisch gemahlener Pfeffer
1 Bund Schnittlauch

Die Paprika waschen, die Samen sowie die weißen Trennwände entfernen und die Hälften klein würfeln. Die Zucchini waschen, Enden abschneiden und die Zucchini würfeln. Die Zwiebel abziehen und in Spalten schneiden. Den Thymian waschen, trockentupfen und die Blätter abzupfen. Die Oliven in Scheiben schneiden. Den Backofen auf 230 °C Grillfunktion einschalten.

Das Olivenöl in einer Pfanne erhitzen und das vorbereitete frische Gemüse, den Thymian und die Oliven darin 3–4 Minuten anschwitzen. Die Eier mit der Milch und 2 Prisen Salz in einer Schüssel verquirlen und über die Gemüsemasse gießen. Den Parmesan darüberreiben und die Tortilla im vorgeheizten Backofen auf dem mittleren Einschub in 5–8 Minuten fertig garen und dabei goldbraun überbacken.

Anschließend die Tortilla in Stücke schneiden und mit Salz sowie Pfeffer würzen. Den Schnittlauch waschen, trockentupfen und in Röllchen schneiden. Die Tortilla damit bestreuen und servieren.

Tipp

Eine Tortilla ist wie eine Frittata und ein Omelett einfach die leckerste Möglichkeit, um Gemüse mit Ei zu vereinen. Verwenden Sie für dieses Gericht die Gemüsesorten, die Sie gerade zu Hause oder die Saison haben und/oder die wegmüssen. Auch Kartoffeln, Nudeln oder Reis vom Vortag, altbackenes Brot, Bratenreste oder gegarter Fisch lassen sich bestens in diesem Rezept verarbeiten.

Tomaten-Pfirsich-Gazpacho

AUS DEM MIXER
VEGETARISCH

Für 4 Personen
Zubereitungszeit 20 Minuten plus 2–3 Stunden Zeit zum Ziehen

1 Schalotte
1 Knoblauchzehe
4 Strauchtomaten
2 Pfirsiche
1 Zitrone
1 Limette
1–2 Scheiben altbackenes Weißbrot (alternativ ½ Brötchen)
Salz
1 gestr. TL Zucker
3 EL Olivenöl plus mehr zum Servieren
frisch gemahlener Pfeffer
2–3 Stängel Basilikum

Die Schalotte und den Knoblauch abziehen und halbieren. Die Tomaten und Pfirsiche waschen, halbieren, den Strunk der Tomaten und den Pfirsichkern entfernen und die Hälften in Stücke schneiden. Den Saft der Zitrone und der Limette auspressen.

Alle vorbereiteten Zutaten mit dem Brot, 1 gestrichenen TL Salz und dem Zucker in einer Schüssel vermengen. Die Mischung abgedeckt 2–3 Stunden kalt stellen und durchziehen lassen.

Anschließend 3 EL Olivenöl zugeben und die Masse in einem Mixer fein pürieren. Zuletzt mit Salz und Pfeffer würzig abschmecken.

Die Gazpacho entweder sofort servieren oder kalt stellen und später anrichten. Zum Servieren das Basilikum waschen, trockentupfen und klein zupfen, die Suppe in Gläser füllen, mit dem Basilikum und einigen Tropfen Olivenöl verfeinern.

Was mache ich aus … …der ausgepressten Zitrone oder Orange, Limette?

In kaltes Wasser legen und als Spa Water genießen oder in Saucen oder Kompott mit auskochen, das gibt eine schöne frische Note. Unbehandelte Früchte mit der heiß gewaschenen und trockengeriebenen Schale verwenden, sonst vorher dünn abschälen.

Tipp

Pfirsiche geben der Gazpacho eine besonders fruchtige Note. Die kalte spanische Suppe kann aber auch mit vielen anderen Obstsorten zubereitet werden. Gut passen beispielsweise Erdbeeren, Kirschen, Wassermelone oder Nektarinen.

Grillgemüse mit Tofu

AUS DER GRILLPFANNE
VEGAN

Für 2 Personen
Zubereitungszeit 30 Minuten
Garzeit etwa 20 Minuten

1 Block fester Tofu (ca. 200–250 g)
4 EL Sojasauce
2 TL Chilipaste (z. B. Gochujang oder Sambal Oelek)
2 Prisen brauner Zucker
1 TL Koriandersamen (ersatzweise Korianderpulver)
1 TL Kreuzkümmelsamen (alternativ Kreuzkümmelpulver)
½ TL schwarze Pfefferkörner
200 g Couscous
1 TL Kurkumapulver
Salz
2 Paprikaschoten (Farbe nach Wahl)
2 Zucchini
1 Aubergine
6 EL Olivenöl
4 Stängel Minze
2 EL Rosinen
2 EL Mandelblättchen mit Schale
1 Bund Koriander
frisch gemahlener Pfeffer

Den Tofu in Scheiben schneiden und mit Sojasauce, Chilipaste und Zucker in einer Schale marinieren.

Die Koriander- und Kreuzkümmelsamen mit dem Pfeffer im Mörser zerstoßen. Den Couscous damit, mit Kurkuma und ½ TL Salz in einer Schüssel mischen. 300 ml kochendes Wasser aus dem Wasserkocher darübergießen und umrühren. Den Couscous 5 Minuten quellen lassen.

Inzwischen die Paprika waschen, die Samen sowie die weißen Trennwände entfernen und die Schoten in 2 cm breite Streifen schneiden. Die Zucchini und Aubergine waschen, putzen und in 1 cm dicke Scheiben schneiden. Das Gemüse in einer Schüssel mit 1 TL Salz und 2 EL Olivenöl kräftig durchschwenken, bis alles gut verteilt ist. 10 Minuten stehen lassen.

Anschließend eine Grillpfanne hoch erhitzen und das Gemüse nach und nach darin anbraten, bis schöne Grillstreifen entstanden sind und es gar ist. Dann das Gemüse in eine Servierschale schichten und abgedeckt beiseitestellen. Den Tofu ebenfalls in der Pfanne in 2 EL Olivenöl braun anbraten und über das Gemüse geben.

Die Minze waschen, trockentupfen und hacken. Den Couscous mit einer Gabel auflockern, 2 EL Olivenöl, Rosinen, Mandelblättchen und Minze untermischen und nach Bedarf mit etwas Salz und Pfeffer abschmecken.

Zuletzt den Koriander waschen, trockentupfen, die Blätter abzupfen und über das Tofu-Grillgemüse streuen. Das Gemüse in der Schale mit dem Couscous zusammen servieren.

Linsen-Shakshuka mit Feta

AUS DER PFANNE
VEGETARISCH

Für 2 Personen
Zubereitungszeit 20 Minuten
Garzeit 50 Minuten

1 Zwiebel
2 Knoblauchzehen
3 EL Olivenöl
1 TL Kreuzkümmelpulver
1 TL edelsüßes Paprikapulver
½ TL rosenscharfes Paprikapulver
1 TL Korianderpulver
150 g braune Linsen
400 ml Gemüsebrühe
3 Tomaten
Salz
frisch gemahlener Pfeffer
ca. 100 g Baby-Spinat (Menge mehr oder weniger, nach Geschmack)
4 Eier
1 Feta (ca. 200 g)

Die Zwiebel sowie den Knoblauch abziehen und würfeln. Das Olivenöl in einer Pfanne erhitzen und beides darin anschwitzen. Die Gewürze hinzufügen und im heißen Öl 1 Minute anrösten. Die Linsen in einem Sieb abspülen und mit in die Pfanne geben. Die Gemüsebrühe angießen. Die Tomaten waschen, den Strunk entfernen, die Hälften würfeln und zugeben. Die Linsen abgedeckt bei mittlerer Temperatur in etwa 40 Minuten gar kochen.

Den Linsensugo mit Salz und Pfeffer würzig abschmecken. Den Spinat waschen, abtropfen lassen und untermischen. Einige Minuten erhitzen, bis er zusammengefallen ist.

Vier Vertiefungen in die Sauce drücken, die aufgeschlagenen Eier jeweils dort hineingeben und den Feta darüberbröckeln. Die Pfanne abdecken und alles bei mittlerer Temperatur in 5–8 Minuten fertig garen, bis die Eier gestockt sind.

Anschließend die Shakshuka auf Teller verteilen und servieren.

Was mache ich aus ...
... übrigem Salat oder Spinat aus Fertig-Abpackungen?

Nicht immer sind kleine Abpackungen erhältlich. Ist mehr in einer Packung, als bei einer Mahlzeit gebraucht wird, den übrigen Salat trotzdem verlesen, waschen und trockenschleudern; möglichst im Ganzen lassen, da Schnittstellen oder Risse schneller braun werden und verderben. Den Salat in einer verschließbaren Box im Kühlschrank aufbewahren, dabei täglich kontrollieren und rasch verbrauchen. Grundsätzlich gilt: Je zarter die Blätter sind, umso schneller können sie matschig werden. Salate mit festeren Blättern, wie Endivie, Radicchio, Chicorée oder Römersalat, halten mehrere Tage feucht verpackt im Gemüsefach.

Garnelen-Makkaroni-Topf mit Dill

AUS DEM TOPF/DER PFANNE MIT MEERESFRÜCHTEN

Für 2 Personen
Zubereitungszeit 20 Minuten
Garzeit 15–18 Minuten

2 Stangen Lauch
1 unbehandelte Zitrone
2 EL Olivenöl
250 g Makkaroni
Salz
1 kleiner Becher süße Sahne (ca. 150–200 g; alternativ Crème fraîche)
150 g kleine TK-Garnelen, aufgetaut
1 Bund Dill
frisch gemahlener Pfeffer

750 ml Wasser im Wasserkocher aufkochen. Den Lauch der Länge nach aufschneiden, gründlich waschen und in Streifen schneiden. Die Zitrone heiß waschen, trockenreiben, die Schale mit dem Sparschäler dünn abschälen und den Saft auspressen.

Das Olivenöl in einem breiten Topf oder einer großen tiefen Pfanne erhitzen, Lauch und Zitronenschale darin anschwitzen. Die Makkaroni zugeben, unterrühren und mit dem kochenden Wasser und der Sahne aufgießen. 1 TL Salz hinzufügen und die Pasta etwa 10 Minuten bei mittlerer Temperatur unter regelmäßigem Rühren bissfest garen. Die letzten 2–3 Minuten die Garnelen zugeben und mitgaren.

Anschließend den Dill waschen, trockentupfen, dickere Stiele aussortieren und die Blätter hacken.

Die Pasta mit dem Dill, etwas Pfeffer und dem Zitronensaft verfeinern. In Schalen anrichten und servieren.

Was mache ich aus ...
... den dunkelgrünen Teilen vom Lauch?

Die Enden beim Lauch sind meist sehr faserig und fest, sie können aber wunderbar mit in die Gemüsebrühe (siehe Tipp zu » Spargel-Kartoffel-Tortilla« auf Seite 23) gegeben werden. Auch Schmorstücke bekommen durch diese aromatischen Gemüseteile ein besonders gutes Aroma.

Italienischer Salat – zum Sattessen

AUS DER SCHÜSSEL
VEGETARISCH

Für 2–3 Personen
Zubereitungszeit 20 Minuten

1 Knoblauchzehe
1 EL Kapern
3 EL Aceto balsamico bianco
Salz
frisch gemahlener Pfeffer
1 TL Zucker
1 TL mittelscharfer Senf
5 EL Olivenöl
4 Tomaten
1 Salatgurke
1 Paprikaschote
1 rote Zwiebel
1 kleines Glas entsteinte grüne oder schwarze Oliven (Abtropfgewicht ca. 80–100 g)
4 Stängel Basilikum
1 Glas eingelegte Artischocken (Abtropfgewicht 180 g)
2 EL Pinienkerne
1 Kugel Mozzarella (Abtropfgewicht ca. 150 g)

Für ein Dressing den Knoblauch abziehen und in eine Salatschüssel reiben. Die Kapern hacken. Den weißen Balsamico, ½ TL Salz, etwas Pfeffer, Zucker, Senf, Olivenöl und Kapern mit in die Salatschüssel geben und verrühren.

Die Tomaten, Gurke und Paprika waschen, den Strunk der Tomaten und die Samen sowie die Trennwände der Paprika entfernen. Das vorbereitete Gemüse klein schneiden und zum Dressing in die Schüssel geben.

Die Zwiebel abziehen und in Streifen schneiden. Die Oliven in Scheiben schneiden. Das Basilikum waschen, trockentupfen, die Blätter abzupfen und hacken. Die Artischocken abtropfen lassen und vierteln. Zwiebel, Oliven, Basilikum und Artischocken mit in die Schüssel geben und alles vermengen.

Den Salat auf Teller verteilen. Die Pinienkerne anrösten. Den Mozzarella abtropfen lassen und klein zupfen. Zusammen mit den Pinienkernen auf dem Salat verteilen und servieren.

Was mache ich aus … …übrigen Nüssen?

Ob beim Backen oder für das Pesto, oftmals bleibt etwas in der Nusspackung übrig. Für Salate sind sie eine ideale Ergänzung, zu jeder Jahreszeit. Die Nüsse kurz in der Pfanne anrösten und über den fertigen Salat streuen.

Coca – Spanischer Gemüsekuchen

AUS DEM BACKOFEN
VEGETARISCH

Für 4–6 Personen
Zubereitungszeit 30 Minuten plus etwa 1 Stunde Zeit zum Gehenlassen
Backzeit 20–25 Minuten

FÜR DEN TEIG
1 Würfel frische Hefe
500 g Weizenmehl Type 550
Salz
80 ml Olivenöl plus 3 TL mehr zum Bearbeiten

FÜR DEN BELAG
2 Handvoll Kirschtomaten
2 große Zwiebeln
3 Knoblauchzehen
1 kleines Glas entsteinte grüne oder schwarze Oliven (Abtropfgewicht ca. 80–100 g)
4 EL Olivenöl
1 TL getrockneter Oregano
Salz
frisch gemahlener Pfeffer

Für den Teig die Hefe in 285 ml lauwarmem Wasser auflösen. Das Mehl in eine Schüssel geben und eine Mulde in der Mitte formen. Das Hefewasser dort hineingießen und mit einem Teil des Mehls vom Rand zu einem dickflüssigen Brei verrühren. Den Vorteig abgedeckt 10 Minuten gehen lassen. Anschließend 1,5 TL Salz und 80 ml Olivenöl zugeben und alles 5 Minuten bei niedriger Temperatur in der Küchenmaschine oder mit den Händen zu einem Teig kneten. Den Teig mit 1 TL Olivenöl einstreichen und abgedeckt bei Zimmertemperatur 45 Minuten gehen lassen.

Inzwischen für den Belag die Kirschtomaten waschen und halbieren. Die Zwiebeln und den Knoblauch abziehen und beides in Streifen bzw. Scheiben schneiden. Die Oliven abgießen, dabei den Sud auffangen und für eine anderweitige Verwendung (z. B. siehe »Was mache ich aus …?« unten) aufbewahren. Die Oliven in Ringe schneiden.

Ein Backblech mit 2 TL Olivenöl einfetten oder mit Backpapier auslegen. Den Teig auf das Blech gleiten lassen und mit den Händen gleichmäßig auf die gesamte Größe ausziehen. Mit einer Gabel einstechen und erneut 10 Minuten gehen lassen. Inzwischen den Backofen auf 220 °C Ober-/Unterhitze vorheizen.

Kirschtomaten, Zwiebeln, Knoblauch und Oliven auf dem Teig verteilen. Mit dem Olivenöl beträufeln und den Oregano darüberstreuen. Die Coca im vorgeheizten Backofen auf dem mittleren Einschub 20–25 Minuten backen.

Anschließend die Coca mit etwas Salz und Pfeffer bestreuen und in Stücke geschnitten warm servieren.

Was mache ich aus …
… dem Einlegesud von Oliven, Essiggurken, Kapern und Co?

Diese Flüssigkeiten sind wirklich zu schade zum Weggießen. Sie sind sehr würzig, meist gut gesalzen und säuerlich, daher passen sie ideal in Dressings, Salatsaucen und Dips und ersetzen so Essig oder Zitronensaft.

Blumenkohl-Tarte ohne Boden

AUS DEM BACKOFEN
VEGETARISCH

Für 6–8 Personen
Zubereitungszeit 20 Minuten
Garzeit 45 Minuten

1 Blumenkohl
1 Bund Suppengemüse
2 Eier
1 Becher süße Sahne (ca. 200 g)
1 geh. EL Speisestärke
2 EL gehackte Kräuter (frisch oder TK)
Salz
frisch geriebene Muskatnuss
frisch gemahlener Pfeffer
1 kleines Stück Parmesan (ca. 50–75 g)

Eine Tarteform (28 cm ø) mit Backpapier auslegen. Den Backofen auf 175 °C Ober-/Unterhitze vorheizen.

Den Blumenkohl waschen und in Stücke schneiden. Das Suppengemüse waschen, putzen und ggf. schälen. In grobe Stücke schneiden und zusammen mit dem Blumenkohl portionsweise in der Küchenmaschine (Multizerkleinerer, Häcksler, Hochleistungsmixer o. Ä.) nicht zu fein häckseln. Alternativ das Gemüse auf der Küchenreibe raspeln.

Die Gemüsemischung in einer Schüssel mit Eiern, Sahne, Speisestärke, Kräutern, 1,5 TL Salz, 2–3 Prisen Muskat und etwas Pfeffer vermischen. Die Masse in der Form verteilen und den Parmesan darüberraspeln. Die Tarte im vorgeheizten Backofen auf dem mittleren Einschub 45 Minuten backen.

Anschließend die Tarte lauwarm abkühlen lassen. Dann in Stücke schneiden und servieren.

Tipp

Die Tarte ist ein echter Alltagsheld, denn sie lässt sich mit zahlreichen Gemüsesorten zubereiten. Dafür einfach festere Sorten nach Belieben und Saison wählen – etwa Brokkoli, Romanesco, Steckrübe, Kürbis. Nach dem Putzen das Gemüse klein häckseln oder raspeln und mit der Ei-Sahne-Mischung mischen.

Blätterteig-Gemüse-Tarte

AUS DEM BACKOFEN
VEGETARISCH

Für 2 Personen
Zubereitungszeit 20 Minuten
Backzeit etwa 20 Minuten

1 Rolle Blätterteig (ca. 275 g, aus dem Frischeregal)
2 Becher Frischkäse (à ca. 200 g)
1 rote Zwiebel
2 Paprikaschoten
4 in Öl eingelegte getrocknete Tomatenfilets
2 EL Kapern, abgetropft
2 EL Milch
2 EL Olivenöl

Den Blätterteig entrollen und auf ein Backblech legen, entweder mit dem bereits enthaltenen Backpapier oder den Blätterteig vom Trägerpapier nehmen und auf eigenes Backpapier legen. Den Frischkäse auf einer Hälfte des Blätterteigs verstreichen.

Die Zwiebel abziehen und würfeln. Die Paprika waschen, die Samen sowie die weißen Trennwände entfernen und die Hälften klein würfeln.

Den Backofen auf 200 °C Ober-/Unterhitze vorheizen.

Die getrockneten Tomaten hacken. Paprika, Zwiebel, getrocknete Tomaten und Kapern auf dem Frischkäse verteilen. Die zweite, unbestrichene Teighälfte darüberklappen und die Ränder mit einer Gabel andrücken. Die Milch mit dem Olivenöl mischen und die Teigoberfläche damit bestreichen. Mit einem Messer ein Rautenmuster in den Teig drücken, ohne ihn durchzuschneiden. Die Tarte im vorgeheizten Backofen auf dem mittleren Einschub 15–20 Minuten backen.

Anschließend die Tarte noch heiß in Stücke schneiden und servieren.

Was mache ich aus …
… dem Öl von eingelegten Tomaten und anderen Antipasti-Gemüsen?

Diese Öle sind besonders aromatisch, meist mit Kräutern verfeinert und eignen sich zum Beispiel zum Aromatisieren von Salaten, gebratenem Fisch oder Geflügel. Da das darin eingelegte Gemüse Flüssigkeit an das Öl abgibt, ist das Öl nicht unbedingt zum reinen Braten geeignet. Es spritzt beim Erhitzen sehr, daher besser erst zum Schluss über ein Gericht träufeln.

Pitataschen mit Ofengyros gefüllt

AUS DEM BACKOFEN
MIT FLEISCH

Für 2 Personen
Zubereitungszeit 25 Minuten
Garzeit 20 Minuten

400 g Schweineschnitzel (alternativ Pute, Hähnchen oder vegetarische Alternativen)
2 Zwiebeln
2 Knoblauchzehen
1 Zitrone
3 EL Olivenöl
2 TL getrockneter Oregano
1 TL getrockneter Thymian
2 TL edelsüßes Paprikapulver
frisch gemahlener Pfeffer
2 TL Tomatenmark
1 großes Glas Naturjoghurt (ca. 500 g)
4 Stängel Dill
Salz
4 Pitataschen

Den Backofen auf 230 °C Ober-/Unterhitze vorheizen.

Die Schweineschnitzel trockentupfen und in Streifen schneiden. Die Zwiebeln und den Knoblauch abziehen. Beide Zwiebeln und 1 Knoblauchzehe halbieren und in Streifen schneiden. Den Saft der Zitrone auspressen. Das Fleisch, die Zwiebeln, den zerkleinerten Knoblauch, das Olivenöl, Oregano, Thymian, Paprika, ½ TL Pfeffer, Tomatenmark und die Hälfte des Zitronensafts in einer Schüssel vermengen. Das Gyros in einer breiten Auflaufform verteilen und im vorgeheizten Backofen im oberen Drittel in 15–20 Minuten goldbraun und knusprig backen.

Inzwischen den Joghurt mit dem übrigen Zitronensaft in eine Schüssel geben. Den Dill waschen, trockentupfen, hacken und zur Joghurtsauce geben. Die übrige Knoblauchzehe dazureiben und alles mit Salz sowie Pfeffer kräftig abschmecken.

Die Pitataschen kurz vor dem Anrichten im vorgeheizten Backofen 1–2 Minuten aufbacken. Mit dem Gyros und der Joghurtsauce füllen. Als zusätzliche Füllung passt außerdem Krautsalat (siehe Tipp unten).

Tipp

Rezept für einen schnellen Krautsalat: 1 Spitzkohl waschen, fein hobeln und in einer Schüssel mit 1 TL Salz kräftig durchkneten. 2–3 EL Weißweinessig, 2 EL Olivenöl, 1 TL getrockneten oder 1 EL frisch gehackten Dill zugeben und vermengen. Zum Durchziehen mindestens 30 Minuten stehen lassen. Den Salat vor dem Servieren mit Salz, Zucker und Essig nachwürzen.

Ratatouille-Risoni-Topf

AUS DEM TOPF
VEGETARISCH

Für 2 Personen
Zubereitungszeit 20 Minuten
Garzeit 25 Minuten

1 Aubergine
1 Zucchini
je 1 gelbe und rote Paprikaschote
1 Zwiebel
1 Knoblauchzehe
5 EL Olivenöl
5 Tomaten
1 Bund Petersilie
4 Zweige Thymian
2 Zweige Rosmarin
2 EL Tomatenmark
Salz
1 TL Zucker
frisch gemahlener Pfeffer
350 ml Gemüsebrühe
100 g Risoni

Die Aubergine und Zucchini waschen, putzen und würfeln. Die Paprika waschen, die Samen sowie weißen Trennwände entfernen und die Hälften ebenfalls würfeln. Die Zwiebel und den Knoblauch abziehen und klein schneiden.

Einen breiten Schmortopf erhitzen, das Olivenöl zugeben und zunächst die Zwiebel, den Knoblauch und die Aubergine darin braun anbraten. Dann die Zucchini und Paprika hinzufügen und 3–4 Minuten weiter anbraten.

Die Tomaten waschen, halbieren, den Strunk herausschneiden und die Hälften in Stücke schneiden. Die Kräuter waschen und trockentupfen. Die Petersilie hacken und beiseitestellen. Den Thymian und Rosmarin abzupfen, die Blätter bzw. Nadeln hacken und mit den Tomaten sowie dem Tomatenmark in den Schmortopf geben. Mit 2 TL Salz, dem Zucker und etwas Pfeffer würzen. Alles abgedeckt 10 Minuten schmoren.

Anschließend die heiße Brühe angießen, die Risoni einrühren und aufkochen. Die Risoni in dem Ratatouille so lange garen, wie auf der Packung angegeben ist, dabei regelmäßig umrühren. Bei Bedarf etwas Wasser angießen, falls die Risoni nicht mehr vollständig mit dem Sud bedeckt sind.

Sind die Risoni gar, mit Salz und Pfeffer abschmecken, die beiseitegestellte Petersilie unterrühren, das Ratatouille auf Teller verteilen und servieren.

Meal Prep

Ratatouille ist, wie viele Schmorgerichte, ideal zum Vorkochen geeignet, da es umso aromatischer schmeckt, je länger es durchziehen kann. Für ein Meal Prep also einfach die doppelte Menge Ratatouille ohne Risoni zubereiten, dabei etwas länger einkochen lassen und nach dem Abkühlen in Vorratsbehälter füllen. Es hält etwa 3–4 Tage im Kühlschrank oder eingefroren 4–6 Monate.

Knusprige Chickenwings und Kartoffeln vom Blech

**AUS DEM BACKOFEN
MIT GEFLÜGEL**

Für 2 Personen
Zubereitungszeit 25 Minuten
Garzeit 45 Minuten

1 kg festkochende Kartoffeln
4 EL Olivenöl
1 TL edelsüßes Paprikapulver
Salz
12 Chickenwings
2 EL Sojasauce
2 EL Ketchup
1 TL brauner Zucker
½ TL Knoblauchgranulat (alternativ 1 frisch geriebene Knoblauchzehe)
1 TL rosenscharfes Paprikapulver
frisch gemahlener Pfeffer
75 g Parmesan

Den Backofen auf 220 °C Ober-/Unterhitze (oder 200 °C Umluft) vorheizen. Ein Backblech mit Backpapier auslegen.

Die Kartoffeln waschen, trockentupfen und mit Schale achteln. Mit 2 EL Olivenöl, dem edelsüßen Paprikapulver und 1 TL Salz in einer Schüssel marinieren und dann auf einer Hälfte des Backblechs verteilen.

Die Chickenwings trockentupfen und in derselben Schüssel mit dem übrigen Olivenöl, Sojasauce, Ketchup, braunem Zucker, Knoblauchgranulat, rosenscharfem Paprika, 1 TL Salz und ½ TL Pfeffer vermengen. Den Parmesan fein reiben. Die Wings neben den Kartoffeln auf das Backblech geben. Alles im vorgeheizten Backofen auf dem mittleren Einschub 45 Minuten garen, dabei nach etwa der Hälfte der Garzeit Kartoffeln sowie Chickenwings wenden und die Kartoffeln mit dem Parmesan bestreuen.

Die fertig gegarten Chickenwings und Kartoffeln auf einer Platte anrichten und heiß servieren.

Tipp

Vegetarische Alternative: Wer auf Fleisch verzichten will, kann stattdessen einen Hokkaido- oder Butternutkürbis in 2 cm breite Spalten schneiden, mit der Marinade für die Wings bestreichen und zusammen mit den Kartoffeln backen.

Marokkanische Gemüsesuppe

AUS DEM TOPF
VEGETARISCH

Für 4 Personen
Zubereitungszeit 20 Minuten
Garzeit 35 Minuten

1 große Zwiebel
4 Karotten
1 Bund Petersilie
1 Bund Koriander
1 Dose Kichererbsen (Abtropfgewicht ca. 260 g)
1 fingerdickes Stück Ingwer (ca. 3 cm)
4 EL Olivenöl
500 g Fleischtomaten
1 l Gemüsebrühe
2 TL Kurkumapulver
Salz
frisch gemahlener Pfeffer
3 EL Tomatenmark
50 g kleine Suppennudeln mit 6 Minuten Garzeit
6 getrocknete Datteln ohne Stein
2 Eier
1 unbehandelte Zitrone

Die Zwiebel abziehen und würfeln. Die Karotten waschen, schälen und in kleine Stücke schneiden. Die Kräuter waschen, trockentupfen, grob zerzupfen und einige Blättchen zum Anrichten beiseitestellen. Die Kichererbsen abgießen, dabei das Kichererbsenwasser auffangen und für eine anderweitige Verwendung (z.B. siehe »Was mache ich aus … Kichererbsenwasser (Aquafaba)?«, Seite 170) aufbewahren. Den Ingwer schälen und hacken.

Das Olivenöl in einem großen Topf erhitzen. Die Zwiebeln und die Karotten darin anschwitzen. Die Tomaten waschen, vierteln, den Strunk herausschneiden und die Tomaten mit den Kräutern in einem Mixer pürieren. Anschließend die pürierten Tomaten, die Brühe, die Kichererbsen, den Ingwer, Kurkuma, 1 TL Salz und 2–3 Prisen Pfeffer mit in den Topf geben. Die Suppe bei mittlerer Temperatur 20 Minuten köcheln lassen.

Anschließend das Tomatenmark und die Suppennudeln zugeben. Die Suppe weitere 6–8 Minuten köcheln lassen und danach nochmals mit etwas Salz und Pfeffer abschmecken.

Während die Suppe köchelt, die Datteln hacken. Die Eier hart kochen, abschrecken, pellen und vierteln. Die Zitrone in Spalten schneiden.

Die fertig gegarte Suppe in Schalen schöpfen und mit Datteln, Ei und den beiseitegestellten Kräutern anrichten. Die Zitronenspalten dazu servieren.

Meal Prep

Diese würzige Gemüsesuppe lässt sich super für die nächsten Tage vorkochen, so hat man schnell ein warmes Essen auf dem Tisch. Dafür die Nudeln beim Vorkochen weglassen, denn sie weichen in der Suppe auf. Die Nudeln dann entweder separat kochen und in die heiße Suppe geben oder nach dem Aufwärmen in der Suppe garen. Dann bitte etwas Wasser zusätzlich hinzufügen, damit die Suppe nicht zu dickflüssig wird.

Glasnudel-Suppe mit Räuchertofu

AUS DEM TOPF
VEGAN

Für 2 Personen
Zubereitungszeit 20 Minuten
Garzeit 15 Minuten

100 g Glasnudeln
1 fingerdickes Stück Ingwer (ca. 3 cm)
1 frische Chilischote
1 Bund Frühlingszwiebeln
1 Knoblauchzehe
1 Block Räuchertofu (ca. 200 g)
1 Limette
1 l Gemüsebrühe
Salz
2 EL Sojasauce
frisch gemahlener Pfeffer
½ Bund Koriander

Die Glasnudeln in einer Schüssel mit heißem Wasser aus dem Wasserkocher übergießen und 5 Minuten ziehen lassen.

Den Ingwer schälen. Die Chilischote waschen, halbieren und entkernen. Beides in feine Streifen schneiden. Die Frühlingszwiebeln putzen, waschen und klein würfeln. Den Knoblauch schälen und fein hacken. Den Tofu würfeln. Den Saft der Limette auspressen.

Die Brühe mit Ingwer, Chilischote, Frühlingszwiebeln, Knoblauch und Räuchertofu in einem Topf zum Kochen bringen. Die Glasnudeln abgießen, nach Belieben mit einer Küchenschere zerschneiden und mit in den Topf geben. Die Suppe mit Salz, Sojasauce, dem Limettensaft und etwas Pfeffer würzig abschmecken.

Zuletzt den Koriander waschen, trockentupfen und hacken. Die Suppe in Suppenschalen verteilen und mit dem Koriander bestreut servieren.

Tipp

Wenn es mal schnell gehen muss, die klein gehackten Zutaten, wie Ingwer, Knoblauch und Chili, einfach durch 2–3 TL Currypaste ersetzen. Die Suppe lässt sich auch mit 1 Dose Kokosmilch (400 ml) verfeinern, dann die Brühe auf ca. 600 ml reduzieren.

Herbst

Töpfe und Backbleche voller Kürbis, Kartoffel und Wurzelgemüse. Sie füllen den Magen und wärmen die Seele – köstliches Soul Food zum Sattwerden.

Kürbiseintopf

AUS DEM TOPF
VEGAN

Für 2 Personen
Zubereitungszeit 30 Minuten
Garzeit 20 Minuten

100 g Sojaschnetzel (Trockenprodukt zum Einweichen)
1 Butternutkürbis
1 Zwiebel
1 Knoblauchzehe
1 rote Paprikaschote
2 EL Olivenöl
2 EL Tomatenmark
2 TL italienische Kräutermischung (alternativ Thymian oder Oregano)
500 ml Gemüsebrühe
1 Dose stückige Tomaten (ca. 400 g)
Salz
frisch gemahlener Pfeffer
2 EL frisch gehackte Kräuter nach Wahl (z. B. Petersilie, Koriander, Schnittlauch)

Die Sojaschnetzel nach Packungsangabe einweichen. Den Butternutkürbis schälen, entkernen und das Fruchtfleisch würfeln. Die Zwiebel und den Knoblauch abziehen und würfeln. Die Paprikaschote waschen, die Samen sowie die weißen Trennwände entfernen und die Hälften klein schneiden.

Das Olivenöl in einem Topf erhitzen und die eingeweichten Sojaschnetzel darin braun anbraten. Kürbis, Zwiebel, Knoblauch und Paprika zugeben und 2–3 Minuten zusammen anschwitzen. Danach das Tomatenmark und die italienische Kräutermischung unterrühren. Mit der Gemüsebrühe und den gehackten Tomaten aufgießen. Den Eintopf mit 1 TL Salz würzen und abgedeckt zum Kochen bringen. Dann bei niedriger Temperatur etwa 15 Minuten köcheln lassen, bis der Kürbis gar ist.

Anschließend den Eintopf mit Salz und Pfeffer abschmecken. Mit den frisch gehackten Kräutern anrichten und servieren.

Tipp

Es gibt zahlreiche Sojaprodukte und sie schmecken sehr unterschiedlich. Daher unbedingt durchprobieren, bis man das Richtige für sich gefunden hat. Neben getrockneten Sojaschnetzeln kann auch fertig zubereitetes Veggie-Hack für den Eintopf verwendet werden. Das muss dann, je nach Packungsangabe, nur kurz angebraten werden.

Gefüllte Paprikaschoten in cremiger Tomatensauce

AUS DEM BACKOFEN
VEGETARISCH

Für 2 Personen
Zubereitungszeit 20 Minuten
Garzeit 30 Minuten

1 Dose stückige Tomaten (ca. 400 g)
1 Becher Frischkäse (ca. 200 g)
Salz
frisch gemahlener Pfeffer
1 TL getrockneter Thymian
3 rote Spitzpaprika
1 altbackenes Brötchen (alternativ Brotreste)
1 Stück Schnittkäse (z.B. Bergkäse, Gouda, Emmentaler; ca. 100 g)
1 Zwiebel
1 kleines Glas entsteinte schwarze Oliven (Abtropfgewicht ca. 80 g)
1 Ei
1 TL edelsüßes Paprikapulver

Die stückigen Tomaten mit der Hälfte des Frischkäses, 1 TL Salz, etwas Pfeffer und dem Thymian in einer Auflaufform (ca. 25 × 30 cm) glatt rühren. Die Spitzpaprika waschen, der Länge nach halbieren und die Samen entfernen. Die Schotenhälften in die Sauce legen.

Für eine Füllung das Brötchen würfeln. Den Käse auf der groben Seite der Küchenreibe raspeln. Die Zwiebel abziehen und würfeln. Die Oliven hacken. Brötchenwürfel, die Hälfte des Käses, Zwiebel, Oliven, Ei, den übrigen Frischkäse, Paprikapulver, 1 TL Salz und etwas Pfeffer in einer Schüssel vermengen.

Die Mischung in die vorbereiteten Paprikaschoten füllen. Den übrigen Käse darüberstreuen und die Auflaufform in den Backofen auf die mittlere Einschubleiste stellen. Den Ofen auf 220 °C Ober-/Unterhitze einschalten und die gefüllten Paprikaschoten 30 Minuten backen.

Anschließend die Paprikaschoten mit der Sauce anrichten und servieren.

Was mache ich aus … … Käseresten?

Kleine Käsestücke, Käsescheiben und Co. liegen manchmal geraume Zeit im Kühlschrank und vertrocknen am Rand, aber keiner will sie so recht essen? Dann einfach raspeln und einfrieren. Immer wenn wieder Käse übrig ist, ebenfalls rapseln und mit dazugeben. Diese Mischung für Aufläufe und zum Überbacken, zum Beispiel für die einfache Pfannenpizza (Rezept siehe Seite 102), verwenden.

Einfache Pfannenpizza – mit allem, was das Herz begehrt

AUS DER PFANNE MIT FLEISCH

Für 2 Personen
Zubereitungszeit 30 Minuten
Garzeit 20 Minuten

FÜR DEN PIZZABODEN

1 Becher saure Sahne (200–250 g)
2 EL Weizenmehl Type 405 oder 550 (alternativ Vollkornmehl)
2 Eier
½ TL Backpulver
1 TL getrockneter Oregano
1 Päckchen magere Schinkenwürfel (ca. 50 g)
100 g geriebener Käse (Sorte nach Wahl)
Salz
frisch gemahlener Pfeffer
Olivenöl zum Braten

FÜR DEN BELAG NACH WAHL

kleine Reste aus dem Kühlschrank (z. B. Wurst und Käse von der Brotzeit, eingelegte Tomaten aus dem Glas, Pesto)
einige Champignons oder ½ Paprikaschote
1 kleine Dose Mais (Abtropfgewicht 220 g)

Für den Pizzaboden die saure Sahne mit Mehl, Eiern, Backpulver, Oregano, Schinkenwürfeln und dem geriebenen Käse in einer Schüssel verrühren. Mit 2 Prisen Salz und Pfeffer würzen.

Für den Belag die gewünschten Zutaten vorbereiten bzw. klein schneiden.

Eine große beschichtete Pfanne mit 1 EL Olivenöl ausstreichen, den Teig einfüllen und bei mittlerer Temperatur kurz anbraten. Anschließend die gewünschten Zutaten für den Belag auf dem noch flüssigen Teig verteilen. Alles bei mittlerer Temperatur garen und stocken lassen.

Dann zum Wenden die Pizza auf eine große Platte gleiten lassen, die Pfanne verkehrt herum darüberstülpen, danach mit Schwung wenden, sodass die Pizza mit der ungebackenen Seite nach unten in der Pfanne liegt. Weitere 5–8 Minuten braten.

Anschließend die Pizza auf ein Brett legen, in Stücke schneiden und servieren. Dazu passen weitere Zutaten, die nicht gebacken werden müssen und dann noch aufgelegt werden können: unter anderem Parmaschinken, Parmesanhobel, Oliven, Kapern, halbierte Kirschtomaten, Rucola oder andere kleine Salatblätter.

Was mache ich aus … … typischen kleinen Resten von Wurst, Käse und Eingelegtem wie Oliven, Kapern, Tomaten und Co., die sich immer wieder ansammeln?

Immer neue Versionen der Pfannenpizza! Der Gedanke bei diesem Rezept ist, kleine Reste einfach mal aufzubrauchen. So entstehen tolle Varianten, für jeden Geschmack ist etwas dabei. Das geht natürlich auch ohne Schinken und überhaupt prima als vegetarische Pizza.

Pilzgröstl mit Ei

AUS DER PFANNE
VEGETARISCH

Für 2 Personen
Zubereitungszeit 30 Minuten
Garzeit 20 Minuten

1 Packung Champignons (ca. 400 g)
1 rote Zwiebel
1 Knoblauchzehe
2–3 Scheiben altbackenes Brot (alternativ Brötchen)
2 EL Butter
1 TL getrockneter Thymian
3 Eier
Salz
frisch gemahlener Pfeffer

Die Champignons putzen, trocken sauber abreiben und vierteln. Die Zwiebel und den Knoblauch abziehen und in Streifen bzw. Scheiben schneiden. Das altbackene Brot sehr klein würfeln oder in der Küchenmaschine häckseln.

Die Butter in einer breiten Pfanne schmelzen. Die Pilze darin anbraten und so lange garen, bis die austretende Flüssigkeit wieder verkocht ist. Dann Thymian, Zwiebel, Knoblauch und Brot hinzufügen. Die Masse unter Wenden etwa 5 Minuten anbraten.

Anschließend die Eier in einer Schale verquirlen, mit etwas Salz und Pfeffer würzen und über der Masse in der Pfanne verteilen. Das Ei langsam stocken lassen, dabei die Zutaten gelegentlich zusammenschieben und wenden.

Zuletzt das Gröstl mit Salz und Pfeffer würzig abschmecken und servieren.

Tipp

Ein Gröstl ist Resteverwertung in ihrer besten Form. Dafür eignen sich allerlei übrig gebliebene Zutaten, wie gekochte Nudeln, Kartoffeln, Spätzle oder Gnocchi statt des Brotes. Zudem können kleine Mengen an Gemüse statt der Champignons mit angebraten oder das Gröstl mit Käse bestreut werden.

Knoblauch-Zitronen-Hähnchen mit Süßkartoffeln mit Zatar

AUS DEM BACKOFEN MIT GEFLÜGEL

Für 4 Personen
Zubereitungszeit 30 Minuten
Garzeit etwa 1 Stunde

1 unbehandelte Zitrone
3 Knoblauchzehen
2 EL Zatar
Salz
5 EL Olivenöl
1 ganzes Hähnchen (vorzugsweise Bioqualität)
3 Süßkartoffeln

Die Zitrone heiß waschen, trockenreiben, die Schale mit dem Sparschäler abschälen und in feine Streifen schneiden. Den Saft der Zitrone auspressen. Den Knoblauch abziehen und in ein Schälchen reiben. Zitronenschale und -saft zugeben, mit dem Zatar, 2 TL Salz und 3 EL Olivenöl verrühren. Den Backofen auf 160 °C Ober-/Unterhitze vorheizen.

Das Hähnchen mit der Geflügelschere am Rückgrat aufschneiden und das Rückgrat von der anderen Seite abtrennen. Das Hähnchen auf ein mit Backpapier ausgelegtes Backblech legen, mit den Händen kräftig auf das Brustbein drücken, damit es flach auf dem Blech liegt. Dann rundum mit der Zatar-Marinade einstreichen. Das Hähnchen im vorgeheizten Backofen auf dem mittleren Einschub 30 Minuten garen.

Währenddessen die Süßkartoffeln waschen, schälen, der Länge nach halbieren und in 1 cm breite Scheiben schneiden. In einer Schüssel mit 2 EL Olivenöl und 1 TL Salz vermengen. Die Süßkartoffeln rund um das Hähnchen verteilen. Die Backofentemperatur auf 200 °C Ober-/Unterhitze hochschalten und das Hähnchen mit den Süßkartoffeln weitere 20–25 Minuten backen.

Anschließend das Hähnchen in Stücke teilen. Die Stücke mit den Süßkartoffeln und dem entstandenen Bratsud servieren.

Tipp

1) Da ich vorzugsweise vegetarisch esse, es aber ab und zu Fleisch sein darf, lege ich dann großen Wert auf Fleisch aus artgerechter, biologischer Haltung. Je mehr ich über das Tier weiß, umso eher kann ich es mit gutem Gewissen genießen. Diese Einstellung hat sich über die letzten Jahre entwickelt und ich versuche das auch unseren Kindern weiterzugeben. Was es gibt, woher es kommt und welchen Wert ein Lebensmittel hat, ist bei uns regelmäßig ein viel diskutiertes Thema.

2) In diesem Sinne sei noch gesagt, dass die (meist) weitgereiste Süßkartoffel auch durch (heimischen) Kürbis ersetzt werden kann. Er braucht dann nur rund 15 Minuten mit gegart werden.

Kaiserschmarrn mit Zwetschgen

AUS DER PFANNE
VEGETARISCH
SÜSS

Für 4 Personen
Zubereitungszeit 30 Minuten
Garzeit 40 Minuten

2 EL Rosinen (optional)
2 EL Saft oder Tee nach Wahl (optional)
4 Eier
Salz
200 g Weizenmehl Type 405
275 ml Milch
2 EL Zucker
2 EL Butter
8 reife Zwetschgen
50 g Mandelblättchen

Die Rosinen falls verwendet in 2 EL Wasser, Saft oder Tee 10 Minuten einweichen.

Die Eier trennen und das Eiweiß in einer Schüssel mit 1 Prise Salz steif schlagen. In einer weiteren Schüssel das Eigelb mit Mehl, Milch und 1 EL Zucker glatt rühren. Den Eischnee unterheben.

1 EL Butter in einer breiten, tiefen Pfanne schmelzen. Den Teig einfüllen, die Rosinen falls verwendet darüberstreuen. Dann den Schmarrn bei niedriger bis mittlerer Temperatur so lange backen, bis er an der Oberfläche überwiegend gestockt und die Unterseite goldbraun ist.

Inzwischen die Zwetschgen waschen, halbieren, entsteinen und würfeln.

Den Kaiserschmarrn mit zwei Pfannenwendern in Stücke teilen. Den übrigen Zucker sowie die übrige Butter zugeben und einige Minuten weiterbraten, bis die Stücke rundum schön gebräunt sind.

Zuletzt die Zwetschgen und Mandelblättchen untermischen und kurze Zeit mit erhitzen. Den Kaiserschmarrn auf Teller verteilen und servieren.

Tipp

Rosinen lassen sich durch andere, klein gehackte Trockenfrüchte gut ersetzen. Auch die Mandelblättchen können ausgetauscht werden und stattdessen schnell mal kleine Mengen an Nüssen oder Kernen verbraucht werden. Wer nichts von alledem auf Vorrat hat, beschränkt sich auf Puderzucker.

Milchreis mit Birnen und Haselnüssen

AUS DEM BACKOFEN
VEGETARISCH
SÜSS

Für 4–6 Personen
Zubereitungszeit 30 Minuten
Garzeit 40 Minuten

1 l Milch
250 g Milchreis
1 EL Vanillezucker
1 EL Zucker
1 Zimtstange
3 reife, saftige Birnen
50 g Haselnussblättchen

Die Milch in eine große Auflaufform (ca. 35 × 40 cm) gießen. Reis, Vanillezucker, Zucker und Zimtstange unterrühren und die Form abdecken. Die Form auf der mittleren Einschubleiste in den Backofen schieben. Den Ofen auf 180 °C Ober-/Unterhitze einschalten und den Reis 35 Minuten garen.

Inzwischen die Birnen waschen, schälen, entkernen und würfeln.

Nach den 35 Minuten Garzeit die Birnen und Haselnussblättchen auf dem Reis verteilen. Den Reis offen weitere 10–15 Minuten garen.

Anschließend aus dem Ofen nehmen und abgedeckt 10 Minuten ruhen lassen. Dann den Milchreis in Schalen verteilen und servieren.

Tipp

1) Die Birnen sollten reif und saftig sein, damit sie im Ofen ohne zusätzliche Flüssigkeit garen können. Andernfalls können sie hart oder trocken werden.

2) Variante: Statt Birnen passen auch Zwetschgen, halbierte Weintrauben, Brombeeren oder Blaubeeren sehr gut. Sie alle sollten ebenfalls reif und saftig sein.

Kartoffel-Lachs-Auflauf

AUS DEM BACKOFEN
MIT FISCH

Für 2–3 Personen
Zubereitungszeit 30 Minuten
Garzeit 40 Minuten

1 kg vorwiegend festkochende Kartoffeln
1 Stange Lauch
1 geriebener Käse (Emmentaler, Gouda oder Bergkäse; ca. 200 g)
1 Becher süße oder saure Sahne (ca. 200–250 g)
Salz
frisch geriebene Muskatnuss
Butter zum Einfetten
1 Knoblauchzehe
1 Packung Räucherlachs (ca. 150–200 g)

Die Kartoffeln waschen, schälen und in dünne Scheiben hobeln. Den Lauch der Länge nach aufschneiden, gründlich waschen und die Hälften in Streifen schneiden. Kartoffeln, Lauch, die Hälfte des Käses, Sahne, 1 TL Salz und 2–3 Prisen Muskat in einer Schüssel verrühren.

Eine Auflaufform (ca. 25 × 30 cm) mit Butter einfetten. Den Knoblauch abziehen und hineinreiben. Die Hälfte der Kartoffel-Lauch-Mischung einfüllen. Den Räucherlachs darauf verteilen und mit den übrigen Kartoffeln bedecken. Den restlichen Käse auf dem Auflauf verteilen und die Form auf der mittleren Einschubleiste in den Backofen schieben. Den Ofen auf 180 °C Ober-/Unterhitze einschalten und den Auflauf 1 Stunde garen.

Anschließend den Auflauf im ausgeschalteten Backofen noch 10 Minuten ruhen lassen. Dann den Auflauf in Stücke schneiden und warm servieren.

Tipp

Räucherlachs passt geschmacklich einfach hervorragend zu Kartoffeln, er kann aber natürlich durch regionale Räucherfische ersetzt werden. Wer ganz darauf verzichten und den Auflauf vegetarisch haben will, ersetzt die Lachsschicht durch 5–6 gehackte, eingelegte Tomatenfilets, 2 EL gehackte Kapern, 1 TL getrockneten Thymian und etwa 50 g geriebenen Parmesan.

Geschmorte Auberginen in würzigem Gemüsesugo mit Nusskruste

AUS DEM BACKOFEN
VEGETARISCH

Für 2 Personen
Zubereitungszeit 30 Minuten
Garzeit etwa 55 Minuten

2 Auberginen
Salz
1 Stange Lauch
1 Zucchini
2 Paprikaschoten
2 EL Paprikamark (alternativ Tomatenmark)
1 Packung passierte Tomaten (ca. 400 ml)
1 TL getrockneter Thymian
½ TL rosenscharfes Paprikapulver
1 TL flüssiger Honig
frisch gemahlener Pfeffer
3 EL Olivenöl
1 kleines Stück Parmesan (ca. 50–70 g)
50 g gemischte Nusskerne (alternativ einzelne Sorten)
50 g zarte Haferflocken
50 g Butter

Die Auberginen waschen, längs halbieren, die Schnittflächen kreuzweise einschneiden und salzen. Zum Wasserziehen beiseitestellen.

Inzwischen für den Gemüsesugo den Lauch längs aufschneiden, gründlich waschen und in Streifen schneiden. Die Zucchini und Paprika waschen, die Samen sowie die weißen Trennwände der Paprika entfernen und die Enden der Zucchini abschneiden. Das Gemüse klein würfeln. Paprikamark, passierte Tomaten, Thymian, Paprikapulver, Honig, 1 TL Salz und 2–3 Prisen Pfeffer in einer Auflaufform (ca. 30 × 35 cm) verrühren. Lauch, Zucchini und Paprika untermischen.

Die Auberginen abtropfen lassen, in den Sugo legen und mit dem Olivenöl beträufeln. Die Form in den Backofen schieben. Den Ofen auf 200 °C Ober-/Unterhitze einstellen und den Auflauf 45 Minuten garen.

In der Zwischenzeit für die Kruste den Parmesan reiben. Die Nüsse nicht zu klein hacken und mit den Haferflocken, der Butter und dem Parmesan vermengen. Die Mischung auf den Auberginen verteilen. Die Temperatur auf 220 °C Ober-/Unterhitze erhöhen und den Auflauf weitere 10 Minuten garen, bis die Kruste gut gebräunt ist.

Anschließend den Auflauf auf Teller verteilen und servieren.

Tipp

Zum Zeitsparen: Wenn es noch schneller gehen soll, für den Gemüsesugo statt der angegebenen Gemüsesorten 1 Bund Suppengemüse verwenden. Dieses putzen, waschen und in der Küchenmaschine häckseln oder auf der groben Seite der Küchenreibe raspeln. Wie beschrieben zubereiten.

Maronen-Wurzelgemüse-Gulasch

AUS DEM BRÄTER
VEGETARISCH

Für 2 Personen
Zubereitungszeit 30 Minuten
Garzeit 40 Minuten

2 Zwiebeln
2 Knoblauchzehen
2 Bund Suppengemüse
2 EL Olivenöl
2 EL Tomatenmark
1 Lorbeerblatt
1 TL Kurkumapulver
1 TL getrockneter Thymian
1 TL edelsüßes Paprikapulver
frisch gemahlener Pfeffer
400 ml Gemüsebrühe
Salz
1 Packung vakuumgegarte Maronen (ca. 200 g)
Brot zum Servieren

Die Zwiebeln und den Knoblauch abziehen und beides würfeln. Das Suppengemüse waschen, putzen, ggf. schälen und in mundgerechte Stücke schneiden. Falls das Suppengemüse Petersilie beinhalten sollte, diese waschen, trockentupfen und hacken.

Das Öl in einem Bräter erhitzen. Zwiebeln, Knoblauch, das Suppengemüse und (falls beinhaltet) die Petersilie darin 5 Minuten anschwitzen. Das Tomatenmark, Lorbeerblatt, Kurkuma, Thymian, Paprika und 2–3 Prisen Pfeffer zugeben und ebenfalls anschwitzen. Die Gemüsebrühe aufgießen, mit 1 TL Salz würzen und aufkochen. Das Gemüse bei mittlerer Temperatur 15 Minuten köcheln lassen.

Anschließend die Maronen aus der Packung nehmen, vereinzeln und hinzufügen. Alles weitere 10 Minuten köcheln lassen, bis das Gemüse gar ist.

Zuletzt das vegetarische Gulasch mit Salz sowie Pfeffer würzig abschmecken und das Lorbeerblatt entfernen. Das Gulasch mit Brot servieren.

Tipp

Maroni selber rösten: Im Herbst und Winter bekommt man Esskastanien häufig auch im Supermarkt. Es ist gar nicht schwer, sie selber zu rösten. Dazu die Schale mit einem kleinen scharfen Messer einritzen, die Maroni auf einem Backblech verteilen und bei 200–220 °C Ober-/Unterhitze etwa 30 Minuten rösten. Sobald die Schale beginnt aufzuplatzen, sind sie fertig. Vor dem Schälen etwas abkühlen lassen. Selbst geröstet bleiben Maroni fester als vakuumgegart. Daher kann man sie gleich mit dem Gemüse zusammen garen.

Chashushuli – Georgischer Rindfleisch-Eintopf

AUS DEM TOPF MIT FLEISCH

Für 4 Personen
Zubereitungszeit 20 Minuten
Garzeit ca. 2 Stunden

800 g Rindfleisch (z. B. aus der Keule oder Schulter)
4 Zwiebeln
1 Knoblauchzehe
3 Paprikaschoten (z. B. ein Paprika-Mix)
4 EL Olivenöl
150 ml trockener Weißwein
2 EL Tomatenmark
1 EL brauner Zucker
1 frische Chilischote
1 Dose stückige Tomaten (ca. 400 g)
3 Lorbeerblätter
Salz
frisch gemahlener Pfeffer
50 g frische gemischte Kräuter (z. B. Koriander, glatte Petersilie, Bohnenkraut, Basilikum)

Das Fleisch trockentupfen und in Streifen schneiden. Die Zwiebeln und den Knoblauch abziehen und in grobe Würfel schneiden. Die Paprika waschen, die Samen sowie die weißen Trennwände entfernen und die Hälften würfeln.

Das Öl in einem breiten Topf erhitzen und das Fleisch darin 5 Minuten kräftig anbraten. Anschließend mit dem Weißwein ablöschen und den Bodensatz damit lösen. Zwiebeln, Knoblauch, Paprika, Tomatenmark und Zucker zugeben und die Mischung weitere 5 Minuten anschwitzen.

Die Chilischote waschen, halbieren, entkernen und hacken. Stückige Tomaten, Chili, Lorbeer, 2 TL Salz und 1 l Wasser zur Mischung im Topf hinzufügen. Alles aufkochen und bei mittlerer Temperatur etwa 1,5–2 Stunden leise köcheln lassen. Sobald das Fleisch schön weich ist, den Eintopf mit Salz und Pfeffer würzig abschmecken.

Zuletzt die Kräuter waschen, trockentupfen, die Blätter abzupfen und hacken. Den Eintopf mit den Kräutern bestreut servieren.

Meal Prep

Auch dieser deftige Fleischeintopf ist ideal zum Vorkochen geeignet. Ruhig die doppelte Menge zubereiten und nach dem Erkalten einfrieren.

Tomaten-Kürbis-Suppe

AUS DEM TOPF
VEGETARISCH

Für 2 Personen
Zubereitungszeit 30 Minuten
Garzeit 40 Minuten

1 Hokkaidokürbis
1 Stück Ingwer (2–3 cm)
2 EL Olivenöl
500 g Tomaten
2 EL Tomatenmark
ca. 500 ml Gemüsebrühe (mehr oder weniger, je nach gewünschter Suppenkonsistenz)
Salz
1 Becher süße Sahne (200 g)
Zucker zum Abschmecken
frisch gemahlener Pfeffer
1 Bund Schnittlauch

Den Kürbis waschen, entkernen und samt Schale in Stücke schneiden. Den Ingwer schälen und reiben. Das Olivenöl in einem großen Topf erhitzen. Den Ingwer und den Kürbis darin braun anbraten.

Inzwischen die Tomaten waschen, den Strunk herausschneiden und die Tomaten würfeln. Das Tomatenmark unter die Kürbismasse rühren und einige Minuten anschwitzen. Dann die Tomaten, die Gemüsebrühe und 1 TL Salz hinzufügen. Die Suppe aufkochen und abgedeckt bei mittlerer Temperatur 15 Minuten köcheln lassen.

Anschließend alles mit dem Stabmixer pürieren. Die Sahne zugeben, erneut aufkochen und mit Salz, Zucker und Pfeffer abschmecken.

Zuletzt den Schnittlauch waschen, trockentupfen und klein schneiden. Die Suppe damit bestreuen und servieren.

Mexikanischer Eintopf

AUS DEM TOPF
VEGETARISCH

Für 2 Personen
Zubereitungszeit 30 Minuten
Garzeit 40 Minuten

2 Zwiebeln
2 Knoblauchzehen
500 g vorwiegend festkochende Kartoffeln
2 grüne Paprikaschoten
2 EL Olivenöl
5 Tomaten
1 Glas rote Bohnen (Abtropfgewicht ca. 260 g)
1 Dose Mais (Abtropfgewicht ca. 220 g)
1 Flasche passierte Tomaten (ca. 500 g)
2 TL getrockneter Oregano
Salz
1 Bund glatte oder krause Petersilie
frisch gemahlener Pfeffer
1 Becher saure Sahne (200 g)

Die Zwiebeln und den Knoblauch abziehen und würfeln. Die Kartoffeln waschen, schälen und in Würfel schneiden. Die Paprika waschen, halbieren, die Samen sowie die weißen Trennwände entfernen und die Hälften in Stücke schneiden.

Das Öl in einem Topf erhitzen. Zwiebeln, Knoblauch, Kartoffeln und Paprika darin 5 Minuten anschwitzen.

Inzwischen die Tomaten waschen, den Strunk entfernen und die Hälften würfeln. Die Tomaten mit den Bohnen und dem Mais, beide jeweils mit der Einlegeflüssigkeit, zu der Kartoffelmasse geben. Die passierten Tomaten, 250 ml Wasser, den Oregano und 1 TL Salz hinzufügen. Alles aufkochen und bei mittlerer Temperatur 30 Minuten köcheln lassen, bis die Kartoffeln gar sind.

Anschließend die Petersilie waschen, trockentupfen und hacken. Zuletzt den Eintopf mit Salz und Pfeffer würzig abschmecken. In Schalen anrichten und mit der sauren Sahne und der gehackten Petersilie zum Toppen servieren.

Was mache ich aus …
… Braten- oder Grillresten?

Manchmal bleibt ein Stückchen Schmorfleisch oder Steak übrig, auch das letzte Würstchen hat keinen Abnehmer mehr gefunden. Dafür sind solche deftigen Eintöpfe wie gemacht. Der kleine Rest an Fleisch muss dabei nicht unbedingt mit gegart werden, falls die Suppe vegetarisch bleiben soll. Das Fleisch einfach kurz anbraten und dazu servieren.

Maultaschen-Pilz-Auflauf

AUS DEM BACKOFEN
VEGETARISCH

Für 2 Personen
Zubereitungszeit 30 Minuten
Garzeit 40 Minuten

1 Packung Champignons (ca. 400 g)
1 Zwiebel
1 Packung Gemüse-Maultaschen (ca. 200 g)
1 Becher Schmand (200 g; ersatzweise saure Sahne)
2 Eier
Salz
frisch geriebene Muskatnuss
frisch gemahlener Pfeffer
1 Knoblauchzehe
1 Stück Schnittkäse (z. B. Emmentaler, Gouda o. Ä.; ca. 100 g)
50 g Kürbiskerne

Die Champignons putzen, trocken sauber abreiben und in Scheiben schneiden. Die Zwiebel abziehen und in Streifen schneiden. Die Maultaschen in 2 cm breite Stücke schneiden und mit den Champignons und der Zwiebel in einer Auflaufform verteilen.

Den Schmand mit den Eiern, ½ TL Salz, 2–3 Prisen Muskat und Pfeffer in eine Schüssel geben. Den Knoblauch abziehen und dazureiben. Die Mischung verquirlen und über den Maultaschen, Pilzen und der Zwiebel verteilen. Den Käse reiben. Den Auflauf damit bestreuen und die Form auf der mittleren Einschubleiste in den Backofen schieben. Den Ofen auf 200 °C Ober-/Unterhitze einschalten und den Auflauf 30 Minuten überbacken.

Anschließend die Kürbiskerne grob hacken, über den Auflauf streuen und weitere 5 Minuten mitgaren. Dann den Auflauf in Stücke teilen, auf Teller geben und servieren.

Tipp

Aufläufe retten oft die Mahlzeit, wenn die Zeit mal wieder knapp ist. Gerade eine Packung Maultaschen, Spätzle, Gnocchi oder Schupfnudeln aus dem Kühlregal sind hierbei nützliche Helfer und lassen sich mit allerlei Gemüse(-Resten) kombinieren.

Steckrüben-Biryani

AUS DEM TOPF
VEGETARISCH

Für 2 Personen
Zubereitungszeit 20 Minuten
Garzeit 20 Minuten

2 Knoblauchzehen
1 fingerdickes Stück Ingwer (ca. 2 cm)
1 mittlere Steckrübe (alternativ Kürbis oder Knollensellerie)
2 EL Olivenöl
2 TL Garam Masala
1 TL Kurkumapulver
1 TL flüssiger Honig
200 g Basmatireis
Salz
3 Stängel Petersilie
3 Stängel Minze (alternativ Dill, Schnittlauch, Koriander)
frisch gemahlener Pfeffer
2 EL Rosinen
2 EL Mandelstifte
1 Becher Joghurt (ca. 150 g)

Den Knoblauch abziehen, den Ingwer schälen und beides klein hacken. Die Steckrübe waschen, schälen und in kleine Würfel schneiden. Das Olivenöl in einem breiten Topf erhitzen, Knoblauch, Ingwer und Steckrübe darin 3 Minuten anschwitzen. Anschließend Garam Masala, Kurkuma und Honig zugeben und mit anschwitzen.

Den Reis in einem Sieb waschen, zur Mischung in den Topf geben und unterrühren. Alles mit 300 ml Wasser aufgießen, 1 TL Salz hinzufügen und abgedeckt zum Kochen bringen. Dann das Biryani bei niedrigster Temperatur 20 Minuten garen.

Inzwischen die Petersilie und die Minze waschen, trockentupfen und hacken. Das fertig gegarte Biryani mit Salz und Pfeffer würzen. Zuletzt die beiden Kräuter, Rosinen und Mandelstifte darüberstreuen. Das Reisgericht auf Teller verteilen und mit dem Joghurt servieren.

Tipp

Braucht man wirklich immer so viele Gewürze im Schrank? Zahlreiche Gerichte oder Küchen diverser Länder leben von vielen verschiedenen Gewürzen und Gewürzmischungen. Kocht man gerne und oft, können sich diesbezüglich im Laufe der Zeit eine Menge Döschen ansammeln. Vor allem gemahlene Gewürze verlieren jedoch rasch an Aroma und nehmen Fremdgerüche an. Besser ist es daher, nur eine überschaubare Anzahl an Gewürzen zu lagern. Bei vielen Rezepten kann man außerdem ganz nach Belieben austauschen, auch wenn es dann vielleicht nicht ganz »original« schmeckt. Es trägt aber dazu bei, nachhaltiger zu leben und weniger wegzuwerfen.

Winter

Deftig und würzig vereinen Kohl, geschmortes Fleisch und reichlich Gewürze, genau was wir im Winter lieben. Perfekt für das »Alles-aus-einem«-Prinzip.

Cremiger Weißkohltopf mit Chorizo

AUS DEM TOPF MIT FLEISCH

Für 4 Personen
Zubereitungszeit 30 Minuten
Garzeit 40 Minuten

1 Weißkohl
Salz
1 Zwiebel
2 Chorizo (milde oder scharfe spanische Paprikawurst)
1 TL Fenchelsaat
2 TL getrockneter Thymian
750 ml Gemüsebrühe
1 Becher Crème fraîche (150 g)
frisch gemahlener Pfeffer

Den Weißkohl waschen, vierteln und samt Strunk in dünne Streifen schneiden. In einer Schüssel mit 1 TL Salz einige Minuten kräftig durchkneten.

Die Zwiebel abziehen und würfeln. Die Chorizo der Länge nach halbieren und in Stücke schneiden. Den Fenchel im Mörser zerstoßen. Zwiebel, Chorizo und Fenchelsaat in einem breiten Topf ohne Zugabe von zusätzlichem Fett anschwitzen, das austretende Fett der Wurst ist ausreichend. Anschließend den Kohl und Thymian zugeben und einige Minuten mit anschwitzen.

Die Gemüsebrühe angießen und die Kohlmasse abgedeckt bei mittlerer Temperatur 20 Minuten köcheln lassen.

Dann die Crème fraîche unterrühren. Den Eintopf mit Salz sowie Pfeffer würzen und heiß servieren.

Meal Prep

Wie so oft bei Eintöpfen ist auch dieser Weißkohltopf noch aromatischer, wenn er gut durchgezogen ist. Er lässt sich einfrieren oder hält im Kühlschrank 3-4 Tage. Kohlköpfe können sehr unterschiedlich sein: Bioware ist meist kleiner, konventionell angebautes Gemüse viel größer. Für diesen Eintopf dürfen Sie zu einem großen Exemplar greifen, dann lohnt sich das Kochen so richtig.

Orientalischer Linseneintopf

AUS DEM TOPF
VEGETARISCH

Für 4 Personen
Zubereitungszeit 30 Minuten
Garzeit 40 Minuten

2 Zwiebeln
2 Knoblauchzehen
4 Karotten
2 EL Olivenöl
2 TL Baharat (orientalische Gewürzmischung)
2 EL Paprikamark (Tatli Biber Salçasi; ersatzweise Tomatenmark)
250 g grüne Linsen
1 l Gemüsebrühe
1 Zitrone
250 g TK Spinat (darf auch mehr oder weniger sein), angetaut
Salz
frisch gemahlener Pfeffer
1 TL Cayennepfeffer
1 Becher Joghurt (ca. 500 g)

Die Zwiebeln und den Knoblauch abziehen und würfeln. Die Karotten waschen, schälen und würfeln. Das Olivenöl in einem Topf erhitzen, die Zwiebeln, den Knoblauch und die Karotten darin anschwitzen. Baharat und Paprikamark zugeben und ebenfalls anschwitzen. Die Linsen hinzufügen, mit der Brühe aufgießen und zum Kochen bringen. Die Mischung bei mittlerer Temperatur 30 Minuten garen.

Anschließend den Saft der Zitrone auspressen. Den Spinat zur Mischung in den Topf geben, mit Salz, Pfeffer, dem Zitronensaft sowie Cayennepfeffer würzen und alles weitere 10 Minuten garen.

Anschließend den Linseneintopf in Suppenteller verteilen und mit dem Joghurt servieren.

Tipp

Baharat ist eine Gewürzmischung der Levante-Küche und es gibt sie in zahlreichen Varianten. Ein warmes, erdiges Aroma vereint sie alle und kommt unter anderem durch Gewürze wie Pfeffer, Kreuzkümmel, Koriander, Paprika, Nelken, Kardamom oder Zimt zustande. Wie gesagt, es gibt keine feststehende Zusammenstellung, jede Mischung ist einzigartig. Alternativ können Sie Currypulver, Garam Masala oder Ras el Hanout für den Eintopf verwenden oder eine eigene Gewürzmischung kreieren.

Spätzle-Wirsing-Auflauf mit Blauschimmelkäse

AUS DEM BACKOFEN
VEGETARISCH

Für 4 Personen
Zubereitungszeit 25 Minuten
Garzeit 30 Minuten

1 Wirsing
2 EL Butter
Salz
1 Packung Spätzle (ca. 500 g)
1 Becher süße Sahne (200–250 g)
2 Eier
frisch geriebene Muskatnuss
frisch geriebener Pfeffer
1 Stück Blauschimmelkäse (ca. 150 g)
4 EL Semmelbrösel

Den Wirsing waschen, vierteln, den Strunk herausschneiden und die Viertel in Streifen schneiden. Die Butter in einem breiten ofenfesten Topf oder Bräter schmelzen, den Wirsing zugeben, kräftig salzen und 5 Minuten unter Wenden anschwitzen. Dann die Spätzle hinzufügen und weitere 5 Minuten anbraten.

Den Backofen auf 200 °C Ober-/Unterhitze vorheizen. Die Sahne mit den Eiern, 1 TL Salz und 2–3 Prisen Muskat und Pfeffer verquirlen. Die Mischung über der Wirsingmasse verteilen und den Blauschimmelkäse darüberzupfen. Alles mit Semmelbröseln bestreuen und im Backofen auf dem mittleren Einschub in 20 Minuten goldbraun überbacken.

Anschließend den Spätzle-Wirsing-Auflauf auf Teller verteilen und servieren.

Tipp

Blauschimmelkäse ist ein stark würziger Käse mit blauem Edelschimmel. Roquefort, Gorgonzola, Bleu de Bresse oder Stilton sind bekannte Vertreter. Alle, die nicht auf diese deftigen Aromen stehen, können für dieses Rezept auch mildere Käsesorten verwenden.

Winterliches Ofengemüse

AUS DEM BACKOFEN
VEGAN

Für 2 Personen
Zubereitungszeit 30 Minuten
Garzeit 35 Minuten

500 g Rosenkohl
1 mittelgroßer Hokkaidokürbis
2 rote Zwiebeln
1 Glas Kichererbsen (Abtropfgewicht ca. 260 g)
4 EL Olivenöl
2 TL edelsüßes Paprikapulver
1 TL Kurkumapulver
1 TL getrockneter Oregano
Salz
3 EL Sonnenblumenkerne
1 Bund Petersilie
frisch gemahlener Pfeffer

Den Rosenkohl waschen, putzen und halbieren. Den Kürbis waschen, halbieren, entkernen und in mundgerechte Stücke schneiden. Die Zwiebeln abziehen und in Spalten schneiden. Die Kichererbsen abtropfen lassen. Das zerkleinerte Gemüse und die Kichererbsen in einer großen Auflaufform mit dem Olivenöl, den Gewürzen und 2 TL Salz vermischen.

Die Mischung gleichmäßig in der Form verteilen. Die Form auf der mittleren Einschubleiste in den Backofen schieben. Den Ofen auf 220 °C Ober-/Unterhitze einschalten und die Gemüsemasse 30 Minuten garen. Anschließend die Sonnenblumenkerne darüberstreuen und weitere 5 Minuten garen.

Zuletzt die Petersilie waschen, trockentupfen und hacken. Das Ofengemüse mit Pfeffer würzen und mit der Petersilie bestreut servieren.

Was mache ich aus …
… Rosenkohlblättern nach dem Putzen?

Ein einfacher Trick: Je frischer man den Rosenkohl bekommt, umso weniger (oder gar nicht) muss man ihn putzen. Das bedeutet genau hinschauen beim Kauf und bei den frischsten Kohlröschen zugreifen. Denn je länger er liegt, umso eher sind die Blätter verwelkt, werden braun und müssen mühevoll entfernt werden. Sollten doch einzelne Blätter anfallen, die übrig sind, dürfen sie mit in die Gemüsebrühe (siehe Tipp zu »Spargel-Kartoffel-Tortilla« auf Seite 23) wandern.

Rosenkohl-Lasagne

AUS DEM BACKOFEN
VEGETARISCH

Für 2-3 Personen
Zubereitungszeit 30 Minuten
Garzeit 35 Minuten

1 Beutel Rosenkohl (ca. 500-750 g)
2 Becher Frischkäse (à ca. 200 g)
250 ml Gemüsebrühe
2 Eier
Salz
frisch geriebene Muskatnuss
1 Stück Schnittkäse (ca. 150-200 g)
2 EL Olivenöl
250 g Lasagneplatten ohne Vorkochen

Den Rosenkohl waschen, beschädigte Blätter entfernen und Kohlröschen in der Küchenmaschine häckseln. Den Frischkäse mit der Brühe, den Eier, 1 TL Salz und 3 Prisen Muskatnuss vermengen. 3-4 EL dieser Mischung abnehmen und beiseitestellen. Die übrige Mischung mit dem Rosenkohl verrühren.

Den Käse reiben. Eine Auflaufform mit dem Olivenöl einfetten. Den Boden der Form mit Lasagneplatten auslegen, eine Schicht Rosenkohlmasse darauf verteilen und mit 2 EL geriebenem Käse bestreuen. Zwischendurch den Backofen auf 200 °C Ober-/Unterhitze vorheizen. Erneut Lasagneplatten und Rosenkohl einschichten, bis alles aufgebraucht ist. Abschließend mit der beiseitegestellten Frischkäsemischung bestreichen und mit Käse bestreuen.

Die Lasagne im vorgeheizten Backofen auf dem mittleren Einschub 25 Minuten garen. Anschließend in Stücke schneiden und servieren.

Meal Prep

Übrige Lasagne lässt sich hervorragend 2-3 Tage im Kühlschrank aufbewahren. Alternativ noch am selben Tag nach dem Erkalten in eine Vorratsdose füllen und einfrieren. Meine Empfehlung: Solche tiefgekühlten Gerichte innerhalb von 2-3 Monaten verbrauchen, da sie sonst in Vergessenheit geraten.

Ofenschlupfer mit Kirschen

AUS DEM BACKOFEN
VEGETARISCH
SÜSS

Für 2–3 Personen
Zubereitungszeit 20 Minuten
Garzeit 30 Minuten

1 EL neutrales Öl oder Butter
250 g altbackenes Brot (z. B. Toast, Weißbrot, Brötchen, Brezen)
2 Eier
250 ml Milch
1 EL Vanillezucker
Salz
1 Glas Kirschen (Abtropfgewicht ca. 150 g; ersatzweise andere Obstkonserven)
Puderzucker zum Bestauben

Eine Auflaufform mit Öl oder Butter einfetten. Das Brot in Scheiben schneiden. Die Eier mit der Milch, dem Vanillezucker und 1 Prise Salz verquirlen. Das Brot in die Auflaufform schichten, die Eier-Milch-Mischung darübergießen und alles 10 Minuten ruhen lassen.

Inzwischen den Backofen auf 180 °C Ober-/Unterhitze vorheizen.

Die Kirschen abtropfen lassen und auf der Brotmasse verteilen. Den Ofenschlupfer im vorgeheizten Backofen auf dem mittleren Einschub 30 Minuten garen.

Anschließend den Ofenschlupfer auf Teller verteilen und mit Puderzucker bestaubt servieren.

Was mache ich aus … … Fruchtsäften von Obst aus dem Glas/der Dose oder von TK-Früchten nach dem Auftauen?

Daraus lässt sich ein Fruchtpudding kochen. Er wird wie Vanillepudding zubereitet. Man braucht 500 ml Fruchtsaft; falls die jeweilige Restmenge nicht so groß ist, mit Früchtetee oder anderem Saft auffüllen. Statt der gekauften Tüte Puddingpulver einfach 1 EL Vanillezucker mit 35 g Speisestärke verrühren und mit 2–3 EL des kalten Fruchtsaftes glatt rühren. Den übrigen Saft aufkochen, die Speisestärkemischung einrühren und alles unter Rühren 1 Minute aufkochen. Den Pudding in Schüsseln füllen, abgedeckt erkalten lassen und mit Vanillesauce servieren.

Veganes Chili mit Zartweizen

AUS DEM TOPF
VEGAN

Für 4 Personen
Zubereitungszeit 20 Minuten
Garzeit 25 Minuten

2 Zwiebeln
1 Knoblauchzehe
1 frische Chilischote
1 Paprika-Mix (3 Schoten)
2 EL Olivenöl
1 Packung vorgegarter Zartweizen (ca. 500 g)
1 Glas Mais (Abtropfgewicht ca. 220 g)
1 Glas rote Bohnen (Abtropfgewicht ca. 260 g)
1 Dose stückige Tomaten (ca. 400 g; alternativ passierte Tomaten)
Salz
2 TL getrockneter Oregano
frisch gemahlener Pfeffer
1 Prise Zucker
Cayennepfeffer (Menge nach Geschmack)

Die Zwiebeln und den Knoblauch abziehen und würfeln. Die Chilischote waschen und klein schneiden. Die Paprika waschen, vierteln, die Samen sowie die weißen Trennwände entfernen und die Schoten in mundgerechte Stücke schneiden.

Das Olivenöl in einem breiten Topf erhitzen, Zwiebeln, Knoblauch, Chilischote und Paprika darin anschwitzen. Den Zartweizen zugeben und mit anschwitzen. Mais und Bohnen, beides samt Einlegeflüssigkeit, stückige Tomaten, 1 TL Salz und Oregano hinzufügen. Das Chili aufkochen und dann 10 Minuten leise köcheln lassen.

Anschließend das Chili mit Salz, Pfeffer, Zucker und Cayennepfeffer nach Geschmack abschmecken. In Schalen anrichten und servieren.

Gulasch aus dem Ofen

AUS DEM BRÄTER MIT FLEISCH

Für 4 Personen
Zubereitungszeit 30 Minuten
Garzeit etwa 3–3,5 Stunden

1 kg Zwiebeln
4 Knoblauchzehen
1 kg Rindergulasch
2 TL edelsüßes Paprikapulver
2 TL rosenscharfes Paprikapulver
100 g Tomatenmark
Salz
500 ml Rotwein (oder mehr Fleischbrühe)
250 ml kräftige Fleischbrühe
2 Lorbeerblätter
je 4 Zweige Thymian und Rosmarin
frisch gemahlener Pfeffer

Die Zwiebeln und den Knoblauch abziehen und grob würfeln. Das Fleisch zusammen mit den Zwiebeln und dem Knoblauch in einem breiten Bräter verteilen. Paprikapulver, Tomatenmark, 2 TL Salz, Rotwein und Brühe verrühren und über der Fleisch-Zwiebel-Mischung verteilen.

Lorbeerblätter, Thymian, Rosmarin zugeben und unter die Flüssigkeit drücken. Den Bräter auf dem untersten Einschub in den Backofen schieben. Den Ofen auf 160 °C Ober-/Unterhitze einschalten und das Gulasch etwa 3–3,5 Stunden (siehe Tipp unten) offen schmoren, dabei zwischendurch ein- bis zweimal umrühren. Das Fleisch sollte am Ende schön weich und mürbe sein, bei Bedarf die Garzeit verlängern.

Das fertig geschmorte Gulasch mit Salz und Pfeffer würzen. Die Kräuter entfernen und das Gulasch servieren. Dazu passen hervorragend Spätzle, Kartoffeln, Knödel oder Nudeln.

Tipp

Rindfleisch zum Schmoren ist nicht eins wie das andere. Daher bitte die Garzeit hier nur als grobe Angabe betrachten. Das Fleisch älterer Tiere braucht deutlich länger zum Garen, auch die Qualität des Fleisches ist entscheidend, ebenso, wie das Tier gelebt hat.

Apfelbuchteln

AUS DEM BACKOFEN
VEGETARISCH
SÜSS

Für 4 Personen
Zubereitungszeit 30 Minuten
plus etwa 1 Stunde 40 Minuten
Zeit zum Gehenlassen
Backzeit 45 Minuten

FÜR DEN TEIG
200 ml Milch
60 g Zucker
20 g frische Hefe
500 g Dinkelmehl Type 630 (alternativ Weizenmehl Type 405) plus mehr zum Bearbeiten
1 Ei
40 g zimmerwarme Butter plus 3 EL mehr für die Form und zum Bestreichen
Salz

FÜR DIE FÜLLUNG
3 große mürbe Äpfel
1 Zitrone
3 EL Nusskerne nach Wahl
2 EL Rosinen oder andere Trockenfrüchte (optional)
2 EL Zucker
1 geh. TL Zimtpulver
1 geh. TL Speisestärke
Puderzucker zum Bestauben

Für den Teig die Milch mit 1 EL Zucker lauwarm erwärmen, die Hefe hineinbröckeln und verrühren. Das Mehl in eine Schüssel geben, eine Mulde in das Mehl drücken und die Hefemilch hineingießen. Diese mit einem Teil des Mehls vom Rand zu einem dickflüssigen Brei verrühren. Den Vorteig abgedeckt 10 Minuten gehen lassen.

Danach das Ei, 40 g Butter und ½ TL Salz zum Vorteig geben und alles in 5 Minuten zu einem glatten, geschmeidigen Teig verkneten. Diesen abgedeckt 1 Stunde gehen lassen.

Für die Füllung die Äpfel waschen, entkernen und raspeln. Den Saft der Zitrone auspressen. Die Nüsse und optional die Rosinen oder Trockenfrüchte hacken und mit den Äpfeln, dem Zitronensaft, dem Zucker, dem Zimt und der Speisestärke vermischen.

Eine Auflaufform (ca. 25 × 30 cm) mit 1 EL Butter einfetten. Den Teig auf der leicht bemehlten Arbeitsfläche etwa 1,5 cm dick ausrollen und in 16 Quadrate schneiden. Auf jedes Stück mittig etwas Apfelfüllung geben. Jedes Quadrat an den Ecken zusammenfassen, die Teigränder andrücken und die Buchteln mit dem Teigschluss nach unten in die Form setzen. Abgedeckt 20–30 Minuten gehen lassen, bis sie die gesamte Form ausfüllen und sich ihr Volumen verdoppelt hat. Gegen Ende der Gehzeit den Backofen auf 175 °C Ober-/Unterhitze vorheizen.

Die Buchteln mit 2 EL der weichen Butter bestreichen und im Ofen auf dem mittleren Einschub 30 Minuten backen. Herausnehmen, mit Puderzucker bestauben und servieren.

Tipp

Zum Zeitsparen: Statt der Apfelfüllung die Buchteln mit verzehrfertigem Kompott, Obstkonserven oder Konfitüre füllen. Obst in Saft gut abtropfen lassen und mit etwas Speisestärke vermischen, das bindet den Fruchtsaft der eingelegten Früchte beim Backen.

Grünkohl-Süßkartoffel-Curry

AUS DEM TOPF
VEGAN

Für 2 Personen
Zubereitungszeit 25 Minuten
Garzeit 35 Minuten

500 g frischer Grünkohl (alternativ TK)
2–3 Süßkartoffeln
1 Zwiebel
2 Knoblauchzehen
1 fingerdickes Stück Ingwer (ca. 2 cm)
2 EL Erdnussöl oder Kokosöl (alternativ andere Sorte)
2 EL Currypaste
1 Dose Kokosmilch (ca. 400 ml)
1 Dose stückige Tomaten (ca. 400 g)
Salz
frisch gemahlener Pfeffer
1 kleine Handvoll Nusskerne

Die Grünkohlblätter in mundgerechte Stücke zupfen, dabei den mittleren dicken Blattstrunk entfernen. Die Blätter waschen und abtropfen lassen. Die Süßkartoffeln waschen, schälen und in Würfel schneiden. Die Zwiebel sowie den Knoblauch abziehen, den Ingwer schälen und alle drei hacken.

Das Öl in einem breiten Topf erhitzen. Zwiebel, Knoblauch, Ingwer und Currypaste darin 2–3 Minuten anschwitzen. Dann den Grünkohl zugeben und unter Rühren 3–4 Minuten mit anschwitzen. Danach die Kokosmilch und die stückigen Tomaten hinzufügen. Mit 1 TL Salz sowie etwas Pfeffer würzen und aufkochen. Zuletzt die Süßkartoffeln in die Mischung geben und das Curry abgedeckt bei mittlerer Temperatur 20–25 Minuten köcheln lassen.

Anschließend das Curry nach Belieben über Nacht durchziehen lassen oder sofort servieren. Dafür in Schalen füllen und mit den Nüssen bestreut servieren.

Was mache ich aus …
… Nüssen/Mandeln, Kernen, Saaten und Co. in angebrochenen Packungen?

1) Diese Produkte enthalten reichlich gute Fette, die leider schnell ranzig werden können. In Verpackungsgrößen von 100–150 g hat man oft zu viel davon, um sie auf einmal zu verbrauchen. Frieren Sie die angebrochenen Packungen einfach ein, so werden die hochwertigen Öle geschützt und die Haltbarkeit verlängert sich. Trotzdem immer ein Auge auf den Inhalt des Tiefkühlers haben, damit die Nüsse dort nicht in Vergessenheit geraten. Ich mache alle 2 Wochen an einem festen Tag eine Bestandsaufnahme und schaue, was verbraucht werden muss.

2) Gerade Gerichte wie Currys sind ideal für kleine (Rest-)Mengen an Nüssen, Kernen und Saaten, da diese als knackige Komponente die cremige, weiche Textur des Currys gut unterstützen. Zudem kann der scharf-würzige Sud mit fast allem, von Mandeln über Cashewkerne bis hin zu Kokosflocken, verfeinert werden. Ein Blick in den Vorratsschrank (oder Kühlschrank) werfen und angebrochene Verpackungen für Currys o. Ä. aufbrauchen.

Bauernfrühstück

AUS DER PFANNE
VEGETARISCH

Für 2 Personen
Zubereitungszeit 10 Minuten
Garzeit 20 Minuten

3–4 gekochte Kartoffeln (vom Vortag)
2 Zwiebeln
2 EL neutrales Pflanzenöl
Salz
frisch gemahlener schwarzer Pfeffer
6 Eier
1 TL edelsüßes Paprikapulver
1 gestr. TL Kümmelsamen, gemahlen oder zerstoßen
1 Bund Schnittlauch
4 Gewürzgurken

Die Kartoffeln bei Bedarf pellen und in Stücke schneiden. Die Zwiebeln abziehen und würfeln. Das Öl in einer Pfanne erhitzen und die Kartoffeln darin bei hoher Temperatur braun braten, dabei gelegentlich wenden. Anschließend die Zwiebeln zugeben, mit Salz und Pfeffer würzen und 3–4 Minuten weiterbraten, bis die Zwiebeln goldbraun sind.

Dann die Eier in einer Schüssel verquirlen, mit Salz, Pfeffer, Paprika und Kümmel würzen und über die Kartoffelmischung gießen. Die Eier unter gelegentlichem Wenden bei mittlerer Temperatur stocken lassen.

Den Schnittlauch waschen, trockentupfen und in feine Röllchen schneiden. Die Gewürzgurken in Scheiben schneiden.

Das Bauernfrühstück auf Teller verteilen, die Gewürzgurken darauflegen und mit Schnittlauch bestreut servieren.

Tipp

Ein Omelett ist immer eine gute Gelegenheit, Übriggebliebenes vom Vortag zu verwerten. In ein Bauernfrühstück kommen traditionell Kartoffeln. Probieren Sie es stattdessen unbedingt einmal mit altbackenem Brot aus. Dafür das Brot in grobe Stücke zupfen und zunächst in etwas Öl braun braten. Dann die Zwiebeln zugeben und das Rezept wie oben beschrieben fertig zubereiten.

Croquemonsieur – Toast-Blech für alle

AUS DEM BACKOFEN
MIT FLEISCH

Für 4–6 Personen
Zubereitungszeit 10 Minuten
Garzeit 15 Minuten

1 Packung Vollkorntoast (500 g)
2 Becher Crème fraîche (à 150–200 g)
1 Packung Kochschinken (ca. 200 g; alternativ Geflügelschinken)
1 Packung Schnittkäse (z. B. Gouda, Emmentaler oder Butterkäse, in Scheiben, ca. 200–250 g)
Salz
frisch gemahlener Pfeffer

Den Backofen auf 200 °C Ober-/Unterhitze vorheizen. Ein Backblech mit Backpapier bedecken und mit der Hälfte der Toastscheiben auslegen. Die Toastscheiben mit der Hälfte der Crème fraîche bestreichen und mit dem Schinken und dem Käse belegen. Die übrigen Toasts mit der restlichen Crème fraîche bestreichen und mit der bestrichenen Seite nach oben auflegen.

Die Toasts im vorgeheizten Backofen auf dem mittleren Einschub in 10–15 Minuten knusprig backen. Anschließend in Portionen teilen und warm servieren.

Tipp

1) Croques sind ein schnelles Familienessen und jeder kann seinen Belag selber wählen. Der klassische Croquemonsieur wird, sehr simpel, nur mit Schinken und Käse zubereitet. Der Croquemadame bekommt obendrauf noch ein Spiegelei.

2) Natürlich kann auch bei diesem Rezept Übriggebliebenes verwertet werden: Statt des Toasts ist altbackenes Brot, das noch biegsam ist, eine perfekte Zutat. Und der Belag kann je nach Kühlschrankinhalt und/oder eigenen Vorlieben (mit Resten) variiert werden.

Überbackener Spaghettikürbis

AUS DEM BACKOFEN
VEGETARISCH

Für 2 Personen
Zubereitungszeit 20 Minuten
Garzeit 50 Minuten

2 mittlere Spaghettikürbisse
2 EL Olivenöl
Salz
frisch gemahlener Pfeffer
3 EL Kürbiskerne
1 Stück Feta (ca. 200 g)
1 kleines Stück Parmesan (ca. 50–75 g)
3 EL Semmelbrösel
2 EL Kürbiskernöl

Den Backofen auf 180 °C Ober-/Unterhitze vorheizen. Die Kürbisse waschen, der Länge nach halbieren, entkernen und die Schnittfläche mit dem Olivenöl einpinseln. Leicht salzen und pfeffern und in eine Auflaufform oder auf ein Backblech legen. Den Kürbis etwa 40 Minuten im vorgeheizten Backofen vorgaren. Dann das Kürbisfruchtfleisch mit einer Gabel aus der Schale lösen, dabei entstehen die »Spaghetti«, und auflockern, die Schale sollte dabei unversehrt bleiben.

Die Kürbiskerne hacken, den Feta zerbröseln und den Parmesan reiben. Alle drei mit den Semmelbröseln und dem Kürbiskernöl verrühren.

Die Mischung auf den beiden Kürbishälften verteilen, den Backofen auf 230 °C hochschalten und die Kürbishälften auf dem mittleren Einschub in etwa 10 Minuten goldbraun überbacken.

Anschließend den überbackenen Kürbis auf zwei Teller verteilen und servieren.

Tipp

Spaghettikürbisse fülle ich mit allem, was der Kühlschrank hergibt. Kleine Reste vom Vortag, wie Bolognese oder gebratenes Gemüse, aber auch Käsereste, Nüsse und Pestos sind hier schnell verbraucht. Auch schön ist, die Hälften mit verschiedenen Füllungen zuzubereiten, so kann jeder bei seiner Lieblingsvariante zugreifen.

Blitzschnelle Buttergemüse-Tortellini

AUS DEM BACKOFEN
VEGETARISCH

Für 2 Personen
Zubereitungszeit 10 Minuten
Garzeit 25 Minuten

1 Packung TK-Buttergemüse (ca. 500 g; alternativ andere TK-Gemüsemischung), angetaut
1 Packung frische Tortellini (ca. 250 g, Frischeregal)
1 Becher Kräuterfrischkäse (150–200 g)
250 ml Gemüsebrühe
1 EL TK-Kräuter
Salz
1 Mozzarella (Abtropfgewicht 125 g)
frisch gemahlener Pfeffer

Den Backofen auf 180 °C Ober-/Unterhitze vorheizen. Das Buttergemüse mit den Tortellini in einer Auflaufform verteilen.

Den Frischkäse mit der Gemüsebrühe, den Kräutern und ½ TL Salz verrühren. Die Mischung über dem Gemüse verteilen. Zuletzt den Mozzarella darüberzupfen. Den Auflauf im vorgeheizten Backofen auf dem mittleren Einschub 20–25 Minuten garen.

Anschließend die Gemüse-Tortellini auf Teller verteilen und servieren.

Grünkohl mit Kartoffeln und Räuchertofu

AUS DEM TOPF
VEGETARISCH

Für 4 Personen
Zubereitungszeit 30 Minuten
Garzeit 50 Minuten

1 kg Grünkohl
1 Zwiebel
1 Knoblauchzehe
1 TL Kreuzkümmelpulver
1 TL Korianderpulver
500 ml Gemüsebrühe
Salz
frisch gemahlener Pfeffer
1 kg vorwiegend festkochende Kartoffeln
1 Block Räuchertofu (ca. 150 g)
4–6 getrocknete Aprikosen

Den Grünkohl putzen, die Blätter von den dicken Blattstielen zupfen und gründlich waschen. Anschließend trockentupfen. Die Zwiebel und den Knoblauch abziehen und würfeln. Die Butter in einem Topf schmelzen und die Zwiebel sowie den Knoblauch darin anschwitzen. Die Gewürze zugeben und mit anschwitzen. Dann den Grünkohl hinzufügen und ebenfalls anschwitzen. Zuletzt die Brühe angießen, alles mit Salz und Pfeffer würzen und abgedeckt 15 Minuten köcheln lassen.

Inzwischen die Kartoffeln waschen, schälen und würfeln. Zur 15 Minuten gegarten Grünkohlmasse geben und alles weitere 20–25 Minuten garen.

In der Zwischenzeit den Räuchertofu und die getrockneten Aprikosen würfeln. Beides zur fertig gegarten Grünkohlmasse geben und untermischen. Den Kartoffel-Tofu-Grünkohl in tiefen Tellern anrichten und sofort servieren.

Tipp

Traditionell wird Grünkohl mit Pinkel, einer geräucherten groben Grützwurst, serviert. Das Raucharoma vom Tofu ist eine gute vegetarische Alternative dazu.

Meal Prep

Bei Grünkohl lohnt es sich immer, gleich einen großen Topf voll zu kochen, da dieses Gericht nach dem Aufwärmen noch intensiver und würziger schmeckt. Die übrigen Portionen können in Vorratsdosen gefüllt 3–4 Tage im Kühlschrank aufbewahrt werden. Alternativ einfrieren und innerhalb von 2–3 Monaten verbrauchen. Dabei die Beschriftung nicht vergessen, damit man die Übersicht im Tiefkühler behält.

Was mache ich aus ...?

ALTBACKENES BROT UND BRÖTCHEN
Daraus sind in der Küchenmaschine schnell Semmelbrösel zubereitet. Dafür eignen sich alle möglichen Brotreste, auch Brote aus Vollkornmehl oder mit Körnern und Saaten, sobald sie vollständig durchgetrocknet sind.

Solche Reste lassen sich auch leicht zu Croûtons verarbeiten. Dafür sollten die Brotscheiben oder Brötchen noch leicht biegsam sein, damit sie nach dem Braten zu Croûtons außen knusprig und innen soft sind. Solche Brot- und Brötchenreste klein schneiden oder würfeln und in einer Dose oder einem Gefrierbeutel einfrieren. Bei Bedarf dann einfach die gewünschte Menge entnehmen und in einer Pfanne in etwas Butter oder Öl zu Croûtons anbraten.

BLUMENKOHLBLÄTTER
Sie schmecken sehr gut, wenn sie klein geschnitten in etwas Butter angebraten und auf einem Salat serviert werden. Zuletzt einfach noch mit Salz und 1 Prise Pfeffer würzen.

KAROTTENSCHALEN
Einfrieren und zu Gemüsebrühe (siehe »Spargelschalen und -abschnitte«) verkochen.

KAROTTENGRÜN
Zum Beispiel ein Pesto. Dafür das Karottengrün gründlich waschen, die dickeren Stiele entfernen und die Blätter grob hacken. 50 g Mandeln (gehackt oder in Stiften) in einer Pfanne trocken anrösten und abkühlen lassen. 1 Knoblauchzehe abziehen und mit dem Karottengrün, den Mandeln, ½ TL Salz und 150 ml Olivenöl in der Küchenmaschine pürieren. Mit einigen Spritzern Zitronensaft, etwas Salz sowie Pfeffer würzig abschmecken und zuletzt 30 g frisch geriebenen Parmesan unterrühren. In sauber ausgespülte Gläser füllen und im Kühlschrank aufbewahren. Das Pesto im Glas ist ein tolles Geschenk zum Mitnehmen; es kann aber genauso gut in Eiswürfelbehältern eingefroren werden.

Karottengrün kann auch gehackt wie Petersilie verwendet oder in Kräuterbutter oder herzhaftes Gebäck gegeben werden.

ÜBRIGE KARTOFFELN AUS GRÖSSEREN FERTIG-ABPACKUNGEN
Die Kartoffeln als Pellkartoffeln kochen. Dann kann man sie vielfältig weiterverarbeiten: Entweder sofort mit Kräuterquark und Leinöl servieren. Oder die Kartoffeln lauwarm pellen und daraus einen Kartoffelsalat zubereiten. Oder die Kartoffeln nach dem Erkalten in Scheiben schneiden und als Bratkartoffeln garen oder für ein Bauernfrühstück verwenden (siehe Seite 157).

DUNKELGRÜNE TEILE VOM LAUCH
Die Enden beim Lauch sind meist sehr faserig und fest, sie können aber wunderbar mit in die Gemüsebrühe (siehe »Spargelschalen und -abschnitte«) gegeben werden. Auch Schmorstücke bekommen durch diese aromatischen Gemüseteile ein besonders gutes Aroma.

ROSENKOHLBLÄTTER
Ein einfacher Trick: Je frischer man den Rosenkohl bekommt, umso weniger (oder gar nicht) muss man ihn putzen. Das bedeutet genau hinschauen beim Kauf und bei den frischsten Kohlröschen zugreifen. Denn je länger er liegt, umso eher sind die Blätter verwelkt, werden braun und müssen mühevoll entfernt werden. Sollten doch einzelne Blätter anfallen, die übrig sind, dürfen sie mit in die Gemüsebrühe (siehe »Spargelschalen und -abschnitte«) wandern.

SPARGELSCHALEN UND -ABSCHNITTE
Entweder einfrieren und später auskochen oder direkt auskochen. Zum Auskochen die Spargelschalen und -abschnitte knapp mit Wasser bedecken, etwas Salz und Zucker zugeben und 20 Minuten leise köcheln lassen. Anschließend den abgeseihten Sud wie Gemüsebrühe zum Aufgießen von Suppen oder Eintöpfen verwenden.

ÜBRIGER SALAT ODER SPINAT AUS FERTIGABPACKUNGEN

Nicht immer sind kleine Abpackungen erhältlich. Ist mehr in einer Packung, als bei einer Mahlzeit gebraucht wird, den übrigen Salat trotzdem verlesen, waschen und trockenschleudern; möglichst im Ganzen lassen, da Schnittstellen oder Risse schneller braun werden und verderben. Den Salat in einer verschließbaren Box im Kühlschrank aufbewahren, dabei täglich kontrollieren und rasch verbrauchen. Grundsätzlich gilt: Je zarter die Blätter sind, umso schneller können sie matschig werden. Salate mit festeren Blättern, wie Endivie, Radicchio, Chicorée oder Römersalat, halten mehrere Tage feucht verpackt im Gemüsefach.

AUSGEPRESSTE ZITRONE, ORANGE ODER LIMETTE

In kaltes Wasser legen und als Spa Water genießen oder in Saucen oder Kompott mit auskochen, das gibt eine schöne frische Note. Unbehandelte Früchte mit der heiß gewaschenen und trockengeriebenen Schale verwenden, sonst vorher dünn abschälen.

FRUCHTSÄFTE VON OBST AUS DEM GLAS, DER DOSE ODER VON TK-FRÜCHTEN NACH DEM AUFTAUEN

Daraus lässt sich ein Fruchtpudding kochen. Er wird wie Vanillepudding zubereitet. Man braucht 500 ml Fruchtsaft; falls die jeweilige Restmenge nicht so groß ist, mit Früchtetee oder anderem Saft auffüllen. Statt der gekauften Tüte Puddingpulver einfach 1 EL Vanillezucker mit 35 g Speisestärke verrühren und mit 2–3 EL des kalten Fruchtsaftes glatt rühren. Den übrigen Saft aufkochen, die Speisestärkemischung einrühren und alles unter Rühren 1 Minute aufkochen. Den Pudding in Schüsseln füllen, abgedeckt erkalten lassen und mit Vanillesauce servieren.

BRATEN- ODER GRILLRESTE

Manchmal bleibt ein Stückchen Schmorfleisch oder Steak übrig, auch das letzte Würstchen hat keinen Abnehmer mehr gefunden. Dafür sind solche deftigen Eintöpfe wie gemacht. Der kleine Rest an Fleisch muss dabei nicht unbedingt mit gegart werden, falls die Suppe vegetarisch bleiben soll. Das Fleisch einfach kurz anbraten und dazu servieren.

KLEINE PARMESANRESTE UND KÄSERINDE
Beides lässt sich einfrieren und später verwenden. Die Parmesanrinde zum Auskochen mit in Suppen, Eintöpfe oder Saucen geben, das verleiht ein würziges Aroma.

KÄSERESTE
Kleine Käsestücke, Käsescheiben und Co. liegen manchmal geraume Zeit im Kühlschrank und vertrocknen am Rand, aber keiner will sie so recht essen? Dann einfach raspeln und einfrieren. Immer wenn wieder Käse übrig ist, ebenfalls rapseln und mit dazugeben. Diese Mischung für Aufläufe und zum Überbacken, zum Beispiel für die einfache Pfannenpizza (Rezept siehe Seite 102), verwenden.

TYPISCHE KLEINE RESTE VON WURST, KÄSE UND EINGELEGTEM WIE OLIVEN, KAPERN, TOMATEN UND CO, DIE SICH IMMER WIEDER ANSAMMELN
Immer neue Versionen der Pfannenpizza! Der Gedanke bei diesem Rezept ist, kleine Reste einfach mal aufzubrauchen. So entstehen tolle Varianten, für jeden Geschmack ist etwas dabei. Das geht natürlich auch ohne Schinken und überhaupt prima als vegetarische Pizza.

EINLEGESUD VON OLIVEN, ESSIGGURKEN, KAPERN UND CO
Diese Flüssigkeiten sind wirklich zu schade zum Weggießen. Sie sind sehr würzig, meist gut gesalzen und säuerlich, daher passen sie ideal in Dressings, Salatsaucen und Dips und ersetzen so Essig oder Zitronensaft.

ÖL VON EINGELEGTEN TOMATEN UND ANDEREN ANTIPASTI-GEMÜSEN
Diese Öle sind besonders aromatisch, meist mit Kräutern verfeinert und eignen sich zum Beispiel zum Aromatisieren von Salaten, gebratenem Fisch oder Geflügel. Da das darin eingelegte Gemüse Flüssigkeit an das Öl abgibt, ist das Öl nicht unbedingt zum reinen Braten geeignet. Es spritzt beim Erhitzen sehr, daher besser erst zum Schluss über ein Gericht träufeln.

KICHERERBSENWASSER (AQUAFABA)
Kichererbsenwasser lässt sich als Eiweißersatz wie Eischnee aufschlagen. Und so wird daraus eine leckere Schokomousse:
280 g Wasser und 1 Prise Salz in einem Topf lauwarm (40 °C) erhitzen. 290 g dunkle Schokolade (70 % Kakaoanteil) schmelzen. Anschließend das warme Wasser und die Schokolade in einem Rührbecher mit einem Stabmixer verquirlen. 130 g Kichererbsenwasser (Aquafaba) aufschlagen. Unter weiterem Rühren 70 g Zucker einrieseln lassen. Dann noch etwa 6 Minuten rühren, bis der Zucker aufgelöst und der Aquafaba-Schaum fest ist. Die Schokoladen-Mischung nach und nach vorsichtig unter den Aquafaba-Schaum ziehen. Die Mousse zuletzt auf vier Schälchen verteilen und für mindestens 12 Stunden kalt stellen.

NÜSSE, MANDELN, KERNE, SAATEN UND CO. IN ANGEBROCHENEN PACKUNGEN
Diese Produkte enthalten reichlich gute Fette, die leider schnell ranzig werden können. In Verpackungsgrößen von 100–150 g hat man oft zu viel davon, um sie auf einmal zu verbrauchen. Frieren Sie die angebrochenen Packungen einfach ein, so werden die hochwertigen Öle geschützt und die Haltbarkeit verlängert sich. Trotzdem immer ein Auge auf den Inhalt des Tiefkühlers haben, damit die Nüsse dort nicht in Vergessenheit geraten. Ich mache alle 2 Wochen an einem festen Tag eine Bestandsaufnahme und schaue, was verbraucht werden muss.

Gerade Gerichte wie Currys sind ideal für kleine (Rest-)Mengen an Nüssen, Kernen und Saaten, da diese als knackige Komponente die cremige, weiche Textur des Currys gut unterstützen. Zudem kann der scharf-würzige Sud mit fast allem, von Mandeln über Cashewkerne bis hin zu Kokosflocken, verfeinert werden. Ein Blick in den Vorratsschrank (oder Kühlschrank) werfen und angebrochene Verpackungen für Currys o.Ä. aufbrauchen. Und auch für Salate sind sie eine ideale Ergänzung, zu jeder Jahreszeit. Die Nüsse kurz in der Pfanne anrösten und über den fertigen Salat streuen.

ÜBRIGE PASTA AUS DER ABPACKUNG
Trockene Vorräte sind lange haltbar, können also gut aufbewahrt werden. Um dennoch Reste zu vermeiden, die übrigen Pasta in Salzwasser kochen und zu einem Nudelsalat für den nächsten Tag zubereiten.

Register

Über die Autorin

Susann Kreihe entwickelt seit vielen Jahren mit Leidenschaft passgenaue Rezepte, die regelmäßig in Kochbüchern und Zeitschriften erscheinen. Neben der Arbeit als Rezeptautorin ist die gelernte Köchin und Betriebswirtin für Hotellerie und Gastronomie auch als Ghostwriterin für bekannte Spitzenköche tätig. Übers Kochen und Genießen schreibt sie außerdem auf ihrem Blog gerichte-werkstatt.de.

Auf Nachhaltigkeit zu achten, ist ihr eine Herzensangelegenheit. Wie unglaublich kreativ sich Lebensmittelverschwendung vermeiden lässt, zeigte sie bereits in »Die ganze Pflanze«.

Über die Stylistin

Marijana Mančev begann ihre Karriere im Visual Merchandising, wo sie Produkte mit Kreativität und Liebe zum Detail in Szene setzte. Einige Jahre später startete sie ihren eigenen Food-Blog, der bald so beliebt wurde, dass sie sich als Food-Stylistin selbstständig machte. Sie ist bekannt für ihre Fähigkeit, kunstvolle Kompositionen zu kreieren, die das Essen so köstlich aussehen lassen, wie es schmeckt. Heute arbeitet Marijana in ihrem kleinen Studio in Novi Sad, Serbien, und kreiert beeindruckende Bilder für Kochbücher, Social Media und Websites.

Über den Fotografen

Nemanja Ralić begann seine Karriere als Action-Sport-Fotograf. Einige Jahre später entdeckte er seine Leidenschaft für das Kochen. Schnell merkte er, dass er ein Talent besitzt, die Schönheit von Lebensmitteln einzufangen. Seitdem widmet er sich auch beruflich der Food-Fotografie. Dank seines Hintergrunds in der Action-Sport-Fotografie bringt Nemanja eine einzigartige Perspektive in die Food-Fotografie ein. Sein Stil ist dynamisch und lebhaft, wobei er sich darauf konzentriert, die Texturen und Farben der Lebensmittel lebendig einzufangen.

Impressum

Produktmanagement: Stefanie Gückstock
Redaktion: Constanze Lüdicke
Korrektorat: Judith Bingel
Layout: Marcus Taeschner
Umschlaggestaltung: Regina Degenkolbe
Repro: LUDWIG:media
Herstellung: Julia Hegele

Printed in Türkiye by Elma Basim

Texte und Rezepte: Susann Kreihe
Fotografie: Nemanja Ralić; siehe auch Bildnachweis
Foodstyling: Marijana Mančev

Unser komplettes Programm finden Sie unter
www.christian-verlag.de

Alle Angaben dieses Werkes wurden von der Autorin sorgfältig recherchiert und auf den neuesten Stand gebracht sowie vom Verlag geprüft. Für die Richtigkeit der Angaben kann jedoch keine Haftung übernommen werden, weshalb die Nutzung auf eigene Gefahr erfolgt. Sollte dieses Werk Links auf Webseiten Dritter enthalten, so machen wir uns die Inhalte nicht zu eigen und übernehmen für die Inhalte keine Haftung.

Bildnachweis: Alle Fotos im Innenteil und auf dem Umschlag stammen von Marijana Mančev und Nemanja Ralić mit Ausnahme von: S.6 (unsplash/Brooke Lark), S. 9 und Cover unten links (shutterstock/Azdora), S. 12/13 (unsplash/ dada_design), S. 14 (unsplash/Kelly Sikkema), S. 15 (unsplash/Luisa Brimble), S. 19 (shutterstock/Nelli Kovalchuk), S. 44 (shutterstock/Rawpixel.com), S. 69 (shutterstock/Elena Hramova), S. 76 (shutterstock/Natalia Ruedisueli), S. 104 (shutterstock/vasanty), S. 114 (unsplash/Quin Engle), S. 126 (unsplash/Stephane Silva), S. 144 (unsplash/Monika Grabkowska), S. 152 (unsplash/Ronit Shaked), S. 163 (unsplash/Aknazar Arysbek), S. 169 (shutterstock/Foodpictures), S. 171 (unsplash/Abhishek Hajare), S. 174 oben rechts (Melissa Engel).

★★★★★

Sind Sie mit diesem Titel zufrieden? Dann würden wir uns über Ihre Weiterempfehlung freuen.
Erzählen Sie es im Freundeskreis, berichten Sie Ihrem Buchhändler, oder bewerten Sie bei Onlinekauf.
Und wenn Sie Kritik, Korrekturen, Aktualisierungen haben, freuen wir uns über Ihre Nachricht an
Christian Verlag
Postfach 40 02 09
D-80702 München
oder per E-Mail an lektorat@verlagshaus.de

Die Deutsche Nationalbibliothek verzeichnet diese Publikation in der Deutschen Nationalbibliografie; detaillierte bibliografische Daten sind im Internet über http://dnb.d-nb.de abrufbar.

ISBN 978-3-95961-789-5

MIX
Aus vorbildlich bewirtschafteten Wäldern
FSC® C164814

Einfach nachhaltig

Nachhaltigkeit ist uns wichtig!
Mit diesem Buch unterstützen Sie eine ökologische Produktion. Wir verwenden FSC-zertifizierte Papiere, drucken mit mineralölfreien Druckfarben, verzichten auf das Einschweißen in Plastikfolie und achten auf kurze Transportwege.

Ebenfalls erhältlich ...

ISBN 978-3-95961-411-5

ISBN 978-3-95961-652-2

ISBN 978-3-95961-500-6

ISBN 978-3-95961-525-9